迈向数智化

中国一汽组织与业务变革之路

中国一汽数字化转型委员会
上海科技大学毛基业课题组 ◎ 著

机械工业出版社
CHINA MACHINE PRESS

图书在版编目（CIP）数据

迈向数智化：中国一汽组织与业务变革之路 / 中国
一汽数字化转型委员会，上海科技大学毛基业课题组著.
北京：机械工业出版社，2025．7（2025．10重印）. -- ISBN 978-7-111
-78576-7

Ⅰ．F426.471

中国国家版本馆 CIP 数据核字第 20258KQ135 号

机械工业出版社（北京市百万庄大街 22 号　邮政编码 100037）
策划编辑：刘　静　　　　　　　　　责任编辑：刘　静　孙　旸
责任校对：卢文迪　王小童　景　飞　　责任印制：张　博
涿州市京南印刷厂印刷
2025 年 10 月第 1 版第 2 次印刷
170mm×230mm・18.5 印张・1 插页・195 千字
标准书号：ISBN 978-7-111-78576-7
定价：99.00 元

电话服务　　　　　　　网络服务
客服电话：010-88361066　机　工　官　网：www.cmpbook.com
　　　　　010-88379833　机　工　官　博：weibo.com/cmp1952
　　　　　010-68326294　金　书　网：www.golden-book.com
封底无防伪标均为盗版　机工教育服务网：www.cmpedu.com

当下，正值中国一汽数智化转型迈入 EOA（企业智能运营）阶段。回望我们四年多的转型历程，所有关于变革的思考、转型的阵痛、执着的坚守，都始终秉持一个信念，那就是传统企业向数字时代奋进，不是顺势而为的被动应对，而是涅槃重生的主动抉择。

时代大潮滚滚向前，如果我们不能与时俱进、识变驭变，那么，过去赖以成功的经验，就有可能变成束缚创新的羁绊；传统职能型的管理模式，就有可能成为阻碍协同的高墙。我始终提醒团队，数智化不是 IT 部门的独角戏，更不是空喊的口号，而是渗透到每一个业务部门、每一名员工的思维革命，最终要把"数智真正赋能于业务、赋能于人"落到实处。

这本实践集里的每一页，都镌刻着我们从蓄力到破茧、终至蝶变的坚实足迹。

数智化转型的前提，在于"认知"。破除业务与数字"两层皮"的沉疴，必须先打破靠经验做事的惯性。所以我反复强调"五转"中首先要"转意识"，要求集团内各级"一把手"丢开PPT，用数据说话，不能只停留在口头部署，必须扎进数字里找问题、找答案。同时，推动人员数智化能力全面提升，将业务思维、架构思维、数据思维、自主思维和迭代思维作为高级管理者岗位晋级的评价要素，倒逼每个人把数智思维植入基因、融入血脉、见诸行动，推进全员向"数据挖掘者、模型构建者、业务优化者"转型。

数智化转型的关键，在于"扎根"。数智化不能为了转型而转型，必须扎进业务机理中解决真问题。我始终强调，IPD（产品诞生）、OTD（订单交付）、COM（客户运营）三大主流程要"串珠成链、织链成网"，而不是各自为政、各行其是，就像CSP（客户服务）更名为COM，不只是换个称谓，还是要实现从"对内闭环"转向"对外生长"，让用户在App上看见精准交付期，让经销商在系统里看到全过程状态；工作台要成为员工作业的中枢，而不是简单分发任务的工具；要求"数据直采、杜绝人工填报"，不是苛求形式，而是消除"数字假象"，质保问题要靠实时数据追根溯源，采购价格要靠模型管理杜绝偏差等；推动"端到端流程闭环"，不是固化流程，而是让价值流动更顺畅，通过产品研发模型化、订单交付自动化、客户运营智能化等，传统作业角色转型为高价值任务的规划者、运营者、提升者，砍掉大量低阶循环、无创新的劳动。数智化的终极意义，是让组织更敏捷，让业务更优化，让员工做更有价值的事。

数智化转型的收获，在于"价值"。我常问团队，这次迭代提升了多少效能？真正减工时、降成本、提质量了吗？因为我始终坚信，数智化不是花钱买系统，而是淬炼新质生产力；转型不是成本项，而是能持续生长的数字资产。当"一汽·七星云工作台"支撑2万名员工在线协同，当AI智能体"红旗云妹"替代大量低价值劳动，当我们的转型成果能结集成册，我更加确定，这份价值，蕴含在用户可感的"精准交付期"里，蕴含在员工摆脱低效、无效劳动后的笑容里，更蕴含在企业从"制度管理"转向"数据流动、模型决策"、从"自我迭代"走向"行业互鉴"的进化里。

这本实践集，是我们记录过往的缩影，更是照亮未来的火种。愿每一位读者都能从中读懂，传统企业的数智突围，从来不是对过去业务范式的否定，而是更加积极地拥抱新质生产力，始终坚守为员工、为用户、为企业、为国家创造价值的初心！

是为序。

中国第一汽车集团有限公司董事长　邱现东

2023 年 11 月杭州云栖大会上，我有幸和中国一汽红旗品牌运营委员会副总裁兼体系数字化部总经理[⊖]门欣交流数智化转型。那之后一个强烈的想法便一直萦绕在我的心头：长在东北的共和国汽车工业长子中国一汽正在探索一条独特的数智化转型之路；这条路不是中国一汽之路、央企之路，而是中国之路；这条路不是数智化应用推广之路，而是业务模式先进性探索之路；这条路不是技术变革之路，而是组织重构之路、文化重塑之路。这才是企业真正的数智化转型之路。中国一汽的数智化探索对所有数智化人都是有启发的，尤其是从管理层视角思考数智化转型。这些都需要有人来总结，这正是中国数智化转型理论和实践体系所缺乏的。

2024 年 1 月我去中国一汽参访，深切的体会是，当企业纷纷在攀登数智化这座高峰时，中国一汽选择了珠穆朗玛峰，

⊖ 为契合本书主题、保持行文简洁，后文仅称"中国一汽体系数字化部总经理"。

而且是从最难的北坡开始攀登。这是最艰难的根本性数智化转型之路，中国一汽通过 5A 架构和业务单元等系统方法，从底层全面重塑企业，而非表面的局部优化——正如书中提到的以"伤筋动骨"实现"脱胎换骨"。这条路也是中国一汽自主数智化转型之路，不仅自主构建数智化方法论，还自主研发云原生平台等复杂系统。这种选择需要魄力、决心和毅力，让人无比敬佩和兴奋。

今天《迈向数智化：中国一汽组织与业务变革之路》这本书呈现在读者面前，它涵盖了中国一汽基于数智化转型的最佳实践，提炼出了一套可供其他企业借鉴的方法论。这是一本记录成功经验的书，更是关于如何通过数智化实现企业"脱胎换骨"的行动指南，深刻揭示了企业在面对深度变革时所需付出的努力与决心。

本书也展示了中国一汽作为中国汽车工业的摇篮和标杆企业，其数智化转型的探索与实践的示范引领价值。数智化转型的本质是在"数据 + 算法"定义的世界中，以数据的自动流动化解复杂系统的不确定性，优化资源配置效率。中国一汽通过系统性的思维转变、组织建设、业务重构和技术平台搭建，实现了从传统制造企业向智能敏捷型组织的跃迁。中国一汽的数智化转型有几个重要的体会：

其一，思维转变是数智化转型的第一步。数智化转型不仅是技术革新，更是思维方式的根本转变。中国一汽在转型过程中，深刻认识到数智化思维的重要性，并将其细化为业务思维、架构思维、数据思维、自主思维和迭代思维五大维度。这种思维方式为企业提供了扎实的思考基石。尤其是在"始于架构，终于架构"的理念指导下，中国一汽通过企业架构方法将复杂问题分解为可管理的部分，再整合成全面解决方案，这种系统性思维为企业的全局优化奠定了基础。

其二，组织建设被视为支撑数智化转型的关键支柱。中国一汽通过打造一体化的组织架构，构建业务和IT一体化战队等方式，有效解决了业务与IT之间的关系。特别是在"一把手工程"中，企业领导者的数智化领导力被提升到了前所未有的高度。这种自上而下的推动力量，确保了转型战略能够穿透多层级组织，真正落实到每一个业务单元。数智化转型不仅是一场生产力的变革，也是生产关系的重塑。

其三，中国一汽在数智化实践上的方法论意义重大。在业务重构方面，本书提出了以5A架构（业务架构、信息架构、应用架构、技术架构和安全架构）为核心的创新方法论。这一方法论不仅实现了业务流程的精细化管理，更重要的是建立了业务与技术深度融合的新范式。特别是"业务单元"概念的引入，使大规模复杂流程协作成为可能，显著提升了运营效率。

其四，技术平台则是支撑整个转型的技术底座。在"云 + AI"定义的智能时代，所有的组织都要实现数字基础设施的切换，重建一套能够快速响应市场需求变化的新型基础设施。这需要原子级解构和重组。书中详细介绍了数据治理、基于角色的云工作台、云原生平台等关键技术创新。特别是在AI大模型应用方面，中国一汽的探索实践展示了人工智能如何赋能企业各个业务环节，从研发、生产到营销、人力资源和财务管理，全方位提升企业竞争力。这些技术创新解决了传统系统建设中的诸多痛点，更为企业未来的持续发展奠定了坚实基础。

尤为值得关注的是，本书不仅记录了转型过程中的成功经验，也坦诚分享了遇到的挑战和应对策略。这种实事求是的态度使得本书具有更强的实践指导意义。例如，在数据治理方面，书中详细描述了如何克服业务部门参与度不足、数据质量参差不齐等问题；在人才培养方面，则展示了如何通过"2053实验室"等创新机制，培育企业自主的数智化能力。

通过系统性的数智化转型，中国一汽取得了显著成效：研发周期大幅缩短，生产效率显著提升，营销模式更加精准，财务管理水平实现质的飞跃。这些成果不仅验证了转型方法论的有效性，更彰显了数智化转型对企业发展的战略性价值。

这本书的价值不仅在于记录了中国一汽数智化转型的成功经验，更重要的是提供了一套可复制、可推广的方法论。对正在或将要进行数智化转型的企业而言，这本书无疑是一份宝贵的指南。它提醒我们，数智化转型不是简单的技术升级，而是一场深刻的组织变革和能力重塑。只有将思维转变、组织建设、业务重构和技术平台搭建有机结合，企业才能真正实现脱胎换骨。

在这个充满不确定性的时代，数智化已成为企业生存和发展的必由之路。希望本书能够为更多企业提供有益的启示，助力它们在数智化转型的征程中找到适合自己的道路，共同推动中国企业的转型升级和高质量发展。

阿里研究院副院长　安筱鹏

中国第一汽车集团有限公司（以下简称"中国一汽"）总部位于东北，是一家国有汽车企业集团。伴随着数字技术的迅猛发展，中国一汽数智化转型的各个战队在各自的领域中披荆斩棘，不断探索前行，取得了显著成效，也积累了宝贵经验。为了将这些经验沉淀、转化为企业的知识资产、方法论和组织能力，将自己数智化转型的专业化、实战性的方法论分享给有需要的组织，中国一汽策划了"红旗之道"系列内部读物。

本书主要内容

本书作为"红旗之道"系列内部读物的总纲，从思维转变、组织建设、业务重构和技术平台四个方面，提炼中国一汽数智化转型的道与术（见图1），全面总结其通过"伤筋动骨"实现"脱胎换骨"的实践经验，为其他企业数智化转型提供参考。本书的主要内容包括以下五篇：

一、思维转变篇（第1～2章）：介绍企业对数智化转型重要性的认知，以及中国一汽数智化思维的内涵和培育过程。这是数智化转型的理论基础。

二、组织建设篇（第3～5章）：总结企业数智化转型过程中的组织建设机制，包括一把手领导、组织架构保障和人员能力构建。

三、业务重构篇（第6～9章）：介绍以企业架构"顶天"、业务单元"立地"为核心的业务重构方法，业务单元运营驱动效能增长的实践，以及业务单元驱动组织优化的机制。

四、技术平台篇（第10～13章）：介绍数智化转型的技术平台，包括数据治理、基于角色的云工作台、云原生平台，以及AI大模型。

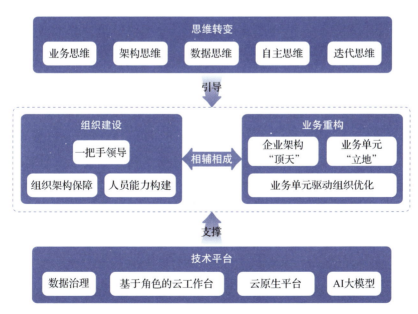

图1　中国一汽数智化转型的道与术

五、转型成效篇（第 14 章）：总结中国一汽数智化转型取得的卓越成果和业务增长的经验。中国一汽力争成为央国企数智化转型新标杆，勇担对外赋能企业数智化转型的新使命。

这五篇的关系如下：

思维转变是数智化转型的第一步，是触发组织、业务和技术重构的前提；组织建设与业务重构相辅相成，组织建设支撑业务重构，业务重构强化组织建设；技术平台是支撑组织建设和业务重构的底座；最后，思维转变、组织建设、业务重构和技术平台共同造就中国一汽数智化转型的卓越成果。

中国一汽数智化转型的历程

在介绍各章节内容之前，下面先梳理一下中国一汽数智化转型的过程，以便读者快速了解中国一汽的基本情况，更好地理解本书后续内容。

中国一汽始建于 1953 年，是中国汽车工业从无到有、从弱到强的亲历者和推动者；拥有新中国汽车工业发展史上众多个"第一"，包括制造出新中国第一辆卡车（解放牌）和第一辆高级轿车（红旗牌）；拥有红旗、解放、奔腾三大自主品牌，以及大众（奥迪）、丰田等合资品牌，其中，红旗由中国一汽总部直接运营。截至 2024 年，经过 70 余年砥砺奋斗，中国一汽已经发展为中国最大的汽车企业之一，累计产销汽车超过 6000 万辆，员工规模超过 13 万人，连续 21 年上榜"中国 500 最具价值品牌"。

进入数智新时代，中国一汽深知数智化转型势在必行。为此，中国一汽提出了"双100"转型目标，即实现100%业务数字孪生，业务效能提升至少100%。"100%业务数字孪生"（简称"业务孪生"）是指全价值链业务在线运营，所有数据在线沉淀，所有人员在线工作。"在线"不等于"上线"，上线仅仅是开始，更重要的是后续的在线运营。"业务效能提升至少100%"是指在业务在线和数据积累的基础上，解决传统业务中的痛点，实现业务模式的重构，最终带来业务效能的持续提升，即业务翻倍后投入不明显增加、效率大幅提升、质量显著提升以及客户体验明显提升。中国一汽数智化转型分为以下三个阶段（见图2）。

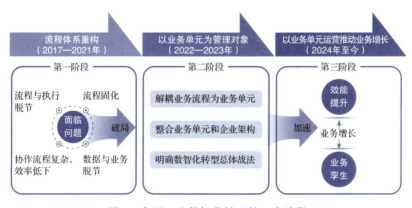

图2　中国一汽数智化转型的三个阶段

第一阶段：流程体系重构（2017—2021年）。该阶段，中国一汽以流程为管理对象，开展流程体系重构和数字化建设，通过梳理12个L1级流程类别和上线190套信息系统，满足了阶段性业务支撑。然而，重构流程体系后，依然问题频出：堆积如山的流程文件只是摆设，未能指导员工的作业任务，流程与执行脱节；流程上线到系统后即固化，难以应对变化；协作流程愈加复杂，效率低下；数据无法准确反映业务的执行情况，即数据与业务脱节。

第二阶段：以业务单元为管理对象（2022—2023年）。对于传统流程体系存在的问题，中国一汽深刻反思并不断求索，创新推出基于业务单元的解决方案。业务单元是将业务流程解耦后的最小可执行单元，定义了执行任务所需的角色、标准、规则、输入和输出等属性。以业务单元为管理对象开展数智化转型，能够从根本上解决过去流程体系存在的问题。其一，解决流程与执行脱节的问题。业务单元让每个员工都能知道在什么时间、做什么事情、按照什么步骤、达到什么标准，为员工执行任务提供精细化指导，使流程覆盖到产品或服务交付的"最后一公里"，确保流程与执行高度一致。其二，解决流程固化的问题。业务单元能够被修改和迭代，从中抽离出可复用、可重组的组件，从而快速搭建新的业务流程，适应市场变化和新的业务需求。其三，解决协作流程复杂和效率低下的问题。基于业务单元的输入和输出等属性，系统能够自动识别业务单元之间的前后顺序，并以智能化的方式快速生成精确的业务流程。这降低了跨部门协作的难度，显著提高了协作效率。其四，使数据准确反映业务的执行情况。业务单元的输入和输出为数据流转打下了基础，且业务单元孪生后，数据沉淀，能够进行有效的数据治理。

此外，中国一汽创新性地整合了业务单元和企业架构（包括业务架构、信息架构、应用架构、技术架构和安全架构），形成了以企业架构"顶天"、业务单元"立地"为核心的业务重构方法。具体而言，企业首先梳理业务架构以形成对复杂业务的结构化描述，其次，将业务流程分解至原子级的业务单元，并定义了业务单元的属性；将业务单元产生的数据映射、存储在信息（数据）架构中；基于业务架构和信息架构，开发出支持业务单元孪生和数据分析的应用架构；将云原生平台作为技术架构，为信息架构和应用架构提供灵活和高效的基础设施支持；最后，用安全架构保障数据、应用和基础设施的稳定性与安全性。

为了保障数智化转型落地，中国一汽还明确了数智化转型总体战法，包括 1 个目标、1 个系统、6 条主线和 4 个体系。1 个目标即实现 100% 业务数字孪生和业务效能提升至少 100%。1 个系统是指打造一个数智运营系统。6 条主线包括集成产品开发（Integrated Product Development，IPD）、从订单到交付（Order to Delivery，OTD）、客户服务平台（Customer Service Platform，CSP）、研发（Research and Development，R&D）、人力资源管理（Human Resource Management，HRM）、企业运营管理（Enterprise Operation Management，EOM），并据此打造"业务和 IT 一体化战队"，以战队为主要组织架构开展转型。4 个体系包括转型方法体系、数智化能力体系、转型技术体系和 IT 产品运营体系。转型方法体系即以"业务单元＋企业架构"为方法，实现业务孪生，建立基于角色的云工作台。数智化能力体系是指识别转型所需的核心能力，开展有针对性的培训，打造一支有核心能力的团队。转型技术体系是指将容器化、微服务架构、DevOps（开发运维）、安全性、数据管理等云原生能力锐化，保证能力可控、速度可控、成本可控。IT 产品运营体系是指数字产品上线运行后，根据预先设置的灯塔目标，通过分析运行产生的数据，促进产品提质和业务优化。

第三阶段：以业务单元运营推动业务增长（2024 年至今）。孪生是为了测量，测量是为了优化。业务单元数字孪生后，数据得以生成和积累，使业务活动可测量、可实现指标化管理。在此基础上，中国一汽迈向以业务单元运营推动业务增长的新阶段，利用业务单元产生的数据以及指标评价体系，反向分析业务活动的效果和问题，进而识别业务优化机会，实现业务模式重构，努力实现业务效能提升至少 100% 的目标。

通过不懈的探索与实践，中国一汽实现了根本性、系统性的数智化转型。具体而言，在研发、营销、生产制造、人力资源管理和财务管理等各个领域实现了业务孪生和效能提升。研发方面，中国一汽以业务单元为理念打造基于角色的云工作台，利用 AI 生成效果图，此类数智化手段大幅提高了协同研发效率、缩短了研发周期。营销方面，通过打造客户 App、利用大数据分析，有效解决了营销业务中客户接触不足、数据记录缺失、数据利用率低、业务串联不顺畅等痛点，使线索到店率提升 15% 以上，单线索成本降低 30% 以上。生产制造方面，中国一汽融合业务单元、5G（第五代移动通信技术）和工业互联网等打造数智化工厂，有效提升了生产效率、质量，降低了成本。人力资源管理方面，基于业务单元开展由数据驱动的、以过程为导向的、精细化的人员能力和绩效管理。财务管理方面，通过将管理对象转化为模型和标准，实现业务活动的财务指标化，为管理决策提供数据支持，提升了业务效能。

此外，中国一汽积极探索 AI 大模型应用，例如打造智能助手——红旗云妹，实现自助问答、内部业务办理自动化、基于 GPT-BI（由中国一汽联合阿里云通义千问打造的大模型应用）做出管理决策等功能。

中国一汽数智化转型也获得了社会认可，多次获得中央电视台等中央级媒体的报道，受邀在国务院国有资产监督管理委员会（以下简称"国务院国资委"）举办的大会上分享自身转型经验。中国一汽希望通过自己多年的探索和实践，为中国企业提供可借鉴、可复制的转型路径与经验。

|目　录|

推荐序一

推荐序二

前　言

导　言　　　　　　　　　　　　　　　　　　　1

一、思维转变篇

第1章　对数智化转型重要性的认知　　　　　　9

1.1　外患：市场环境动荡加剧　　　　　　　10

1.2　内忧：传统管理模式和发展路径面临挑战　　　12

1.3　新机遇：数智化转型是业务增长的新动力　　　15

1.4　本章小结　　　　　　　　　　　　21

第2章 培育数智化思维　　23

2.1 数智化思维的内涵　　23

2.1.1 业务思维：数智化转型的出发点和落脚点是
变革业务　　24

2.1.2 架构思维：始于架构，终于架构　　26

2.1.3 数据思维："数数、分类、定标准"　　27

2.1.4 自主思维：坚持自主研发、自主能力构建和
自主转型理论创建　　32

2.1.5 迭代思维：快速试错、持续迭代　　33

2.2 全员数智化思维的形成　　34

2.2.1 全员数智化思维的重要性　　34

2.2.2 双管齐下培育数智化思维　　35

2.3 本章小结　　37

二、组织建设篇

第3章 数智化转型：绝对的"一把手工程"　　41

3.1 企业一把手应躬身入局　　42

3.1.1 企业一把手成功领导数智化转型所需的特质　　42

3.1.2 企业一把手领导数智化转型的核心行为　　45

3.2 数字化部门一把手承上启下　　50

3.2.1 数字化部门一把手需要具备的特质　　50

3.2.2 数字化部门一把手推动转型的关键行为　　52

3.3　业务部门一把手掌舵 55

　3.3.1　舵手文化 55

　3.3.2　作为部门的业务负责人 57

　3.3.3　作为技术落地负责人 57

　3.3.4　作为部门能力构建者 58

3.4　本章小结 58

第4章　组织架构：横纵一体化 60

4.1　常见挑战 61

4.2　横向一体化：业务和 IT 一体化战队 63

　4.2.1　分工融合 65

　4.2.2　知识融合 67

　4.2.3　联合考评 67

　4.2.4　共用一套语言 68

　4.2.5　空间区位融合 68

　4.2.6　战队间及战队与部门的融合 69

4.3　综合总体组：数字化部门统筹推进 70

　4.3.1　统一方法论 70

　4.3.2　赋能业务部门转型 71

　4.3.3　以业务变革为导向 72

　4.3.4　拥有考评权和话语权 73

4.4　业务即 IT：业务部门自建数字化团队 74

4.5　纵向一体化：跨层汇报结构 76

4.6　本章小结 78

第 5 章　能力构建：人员能力是转型的根本保障　80

5.1　数智化转型首先是人的转型　80

5.2　数智化能力设计　83

5.3　数智化能力培育　85

 5.3.1　多元学习：正式培训、共享型学习、实践型学习、

   自驱型学习　85

 5.3.2　管理者能力培育先行　87

 5.3.3　业务人员渐进式能力培育　87

5.4　数智化能力评价与迭代　89

 5.4.1　过程性评价：能力认证　89

 5.4.2　结果性评价：绩效考核　90

 5.4.3　激励全员持续迭代　92

5.5　本章小结　93

三、业务重构篇

第 6 章　基于 5A 架构的整体方法论　97

6.1　企业架构标准的引入　98

6.2　"一体五面"的 5A 架构　101

 6.2.1　业务架构设计　101

 6.2.2　信息架构设计　107

 6.2.3　应用架构设计　109

 6.2.4　技术架构设计　111

6.2.5 安全架构设计 112

6.2.6 一体五面：各架构之间的关联 115

6.3 5A架构的独特价值 118

6.3.1 业务数智化的闭环迭代 118

6.3.2 创新数据治理 120

6.3.3 应用开发个性化与低成本 121

6.3.4 网络安全与数智化深度融合 122

6.4 本章小结 123

第7章 基于业务单元的数字孪生 125

7.1 业务单元的提出 126

7.1.1 业务架构存在的问题 126

7.1.2 探索解决方案——业务单元 128

7.2 构建业务单元：解耦、定义、上线和复用、
动态评估与迭代 129

7.2.1 解耦业务流程 131

7.2.2 定义业务单元 133

7.2.3 上线和复用业务单元 136

7.2.4 动态评估与迭代业务单元 138

7.3 业务单元的价值 139

7.3.1 流程与执行高度对齐 139

7.3.2 大规模复杂流程协作 140

7.3.3 强化数据赋能管理 141

7.3.4 IT与业务高度对齐 142

7.4 本章小结 143

第8章　业务单元运营驱动效能增长　　　　**145**

8.1　建立灯塔指标体系　　　　146

8.2　基于数据优化业务运营　　　　148

8.3　通过运营报告监管运营成效　　　　153

8.4　本章小结　　　　155

第9章　业务单元驱动组织建设　　　　**157**

9.1　业务单元驱动组织架构优化　　　　157

9.2　业务单元驱动人员能力构建　　　　160

9.3　业务单元驱动绩效管理　　　　162

9.4　本章小结　　　　164

四、技术平台篇

第10章　数据治理　　　　**167**

10.1　数据治理的挑战　　　　168

10.2　数据治理方法　　　　170

　　10.2.1　由IT带头干转向业务主导干　　　　171

　　10.2.2　贯彻数据直采和共享　　　　173

　　10.2.3　基于变革项目的信息架构治理方法：

　　　　　　"六阶十八步"法　　　　174

　　10.2.4　基于需求拉动的指标数据治理方法：

　　　　　　"五阶十六步"法　　　　177

10.3　数据治理体系　　　　181

10.3.1 数据管理政策 182

10.3.2 数据管理流程 182

10.3.3 数据管理组织 183

10.3.4 数据管理运行机制 184

10.3.5 数据工作台 184

10.4 数据治理案例——顶层报告和顶层会议 185

10.5 本章小结 187

第 11 章 基于角色的云工作台 189

11.1 云工作台的特色 190

11.1.1 两个驱动：角色驱动和数据驱动 190

11.1.2 两个飞轮：数字产品迭代飞轮和业务运营优化飞轮 191

11.2 云工作台的建设 192

11.2.1 云工作台的三个中心 192

11.2.2 云工作台建设 7 步法 193

11.3 云工作台的价值 202

11.4 本章小结 206

第 12 章 云原生平台 208

12.1 自主建设云原生平台的动因 209

12.1.1 云原生平台建设是应对挑战的关键方案 209

12.1.2 云原生平台建设是组织业务变革的体现 210

12.1.3 云原生平台建设是未来战略定位的关键支撑 211

12.2 云原生平台的建设与价值 214

12.2.1 云原生平台建设原则 214

12.2.2　云原生平台的应用 216

12.2.3　云原生平台建设价值 218

12.3　本章小结 219

第 13 章　AI 大模型 221

13.1　AI 大模型的建设 222

13.1.1　AI 大模型的建设方法 222

13.1.2　建设人员的 AI 能力 224

13.1.3　沉淀 AI 资产 225

13.2　AI 大模型的应用 226

13.3　中国一汽 AI 大模型应用案例 228

13.3.1　红旗云妹：中国一汽智能服务助手 228

13.3.2　GPT-Code：用 AI 写代码 232

13.4　本章小结 233

五、转型成效篇

第 14 章　转型成效 237

14.1　研发数智化 237

14.1.1　研发周期缩短 238

14.1.2　研发成本降低 239

14.1.3　研发业务在线协同 240

14.2　营销数智化 242

14.2.1　营销模式直达客户 242

14.2.2　数据利用能力提升　　　　　　243

14.2.3　跨部门在线协同　　　　　　245

14.3　生产制造数智化　　　　　　246

14.3.1　生产效率提升　　　　　　247

14.3.2　质量管理提升　　　　　　248

14.3.3　生产成本降低　　　　　　249

14.4　人力资源管理数智化　　　　　　250

14.4.1　人力资源管理的业务价值提升　　　　　　250

14.4.2　人力资源管理的效率提升　　　　　　252

14.4.3　员工能力和绩效管理优化　　　　　　253

14.5　财务管理数智化　　　　　　255

14.5.1　财务管理的业务价值提升　　　　　　255

14.5.2　财务管理精细化　　　　　　257

14.5.3　财务管理统一化　　　　　　258

14.6　对外赋能企业数智化转型　　　　　　259

14.7　本章小结　　　　　　261

结语　　　　　　**264**

中国一汽数智化转型的成功要素　　　　　　264

未来展望　　　　　　267

| 导　言 |

近几年，数智化转型风起云涌，相关书籍也已经出版了不少，这本书有什么独到价值？有哪些特色与亮点？

在我看来，中国一汽的数智化转型具有以下五个显著特点，根本性（组织变革）、颠覆性（举措）、戏剧性（效果）、系统性和科学性。其中，前三个是经典的业务流程再造的基本特征。根本性是指从员工的数智化认知和思维方式到组织结构与流程，再到业务模式的彻底重构；颠覆性是指从伤筋动骨到脱胎换骨的激进举措；戏剧性（效果）是指至少有两位数甚至三位数的绩效提升；系统性是指在顶层目标的驱动下全面覆盖各个业务条线，而不是单点或局部的；科学性是指在前沿理论、方法以及行业最佳实践的基础之上，采用先进的工具和方法，包括5A架构和云原生平台等，并提炼出体系化的方法论。这五个特点都特别值得学习和借鉴。

本书的最大亮点是，中国一汽的转型故事完美地诠释了数智化转型的本质——用数字技术重构业务与组织，即基于数字技术的业务与组织重构。其中的关键词是重构，体现数智化转型应有的颠覆性和根本性。重构的对象是传统企业的业务和组织本身，然而这经常被忽略，导致转型效果欠佳，甚至失败。反之，像中国一汽这样的转型带来的必将是新业务和新组织。

组织变革从来不易，成功的远少于失败的。数智化转型涉及前沿科技和落后的组织之间的矛盾（生产力与生产关系的矛盾），难度更是远超一般组织变革。实践证明，成功的数智化转型需要很多必要条件，缺一不可。因此，可以套用托尔斯泰那句名言，成功的转型都是相似的，失败的转型各有各的原因。

那么，中国一汽的数智化转型究竟做对了什么？我用16个字概括，"学习充分、目标明确、方法先进、行动坚决"。这四方面的行为是相辅相成的，中国一汽把每样都做得极为到位，合在一起堪称数智化转型之最。

第一，学习充分。人类社会的每次巨大变革都始于认知飞跃。对传统企业来讲，数智化转型是在无人区里的探索，需要构建全新的认知和能力，因而必须始于组织学习，而且必须始于一把手的学习。学习方式无外乎"读万卷书，行万里路"，结合理论学习和标杆企业参访。很多成功的转型已经反复印证了这点，中国一汽也不例外，只是做得更为彻底。因此，中国一汽的变革者能够洞察转型的本质和预见行业未来，甚至提炼出自己的变革方法论，远超一般企业的认知。

在调研过程中，我接触最多、感触最深的，是业务出身的中国一汽体系数字化部总经理门欣。他的学习能力超强，阅读极为广泛，思维极为前卫，对数智化的本质和汽车行业的未来都有极为深刻和富有前瞻性的洞见。他不仅博览群书，还把书单推给下属。门欣认为，传统企业的数智化转型需要对标互联网企业，成为各自行业里的阿里巴巴；"互联网企业相对于传统企业有两个优势，一是有丰富的用户数据，便于数智化运营；二是每个业务部门都自有数智化能力"。本书中有大量的素材讲到中国一汽如何通过系统的培训和组织学习，实现员工思想的转型，这里不再赘述。

通过学习，中国一汽意识到，数智化转型是业务和组织的重构，而业务和组织是不断迭代的，因此系统开发能力必须掌握在自己手中，这是数智化与信息化的本质区别之一。以前中国一汽的体系数字化部和多数企业的一样，本质上是系统采购部门，是典型的信息化时代的产物。数智化转型要求所有业务部门都具备数字化能力，只有这样才能持续迭代、赋能业务。因此，中国一汽体系数字化部自身转型为数智化平台的搭建者、标准的设立者、学习的引领者以及业务部门的数智化赋能者，彻底重构了IT与业务的关系，践行了"IT搭台，业务唱戏"这一先进理念。

第二，目标明确。对数智化的认知到位了，变革目标也就清晰了。彻底的组织变革必须设定有挑战性的目标，中国一汽一把手设定的目标是全面实现数字孪生，进而实现效率倍增。这个目标是极具挑战性的，有巨大的鞭策作用。这个目标也是建立在对数智化本质的深刻理解——业务可视化与优化——上的，就是通过物联网等工具和方法把一切变得透明可视，进而找到可优化的节点，持续进行组织和流程优化。正是这种靠传统方法无法实现的挑战性目标，驱动了颠覆性举措和根本性改变。

第三，方法先进。组织学习到位了，就可以选择最优路线和方法。中国一汽的数智化转型路径是教科书级的，汇集了业界最佳实践、前沿理念、先进的工具和方法，包括一把手工程、基于组织学习的人的转型、基于 TOGAF 的 5A 架构。在组织转型方面，中国一汽学习和对标互联网企业，找到了组织架构变化的方向；每条业务条线成立由 IT 和业务并肩作战的数智化战队（内部称为业务和 IT 一体化战队），负责开发对应的数字化工作台并设计新业务流程。每个部门的人员构成和资质体系也向互联网企业学习，分成技术系列和管理系列（T 系列和 P 系列），把数智化能力内化到每条业务条线和部门。

第四，也是最后一个关键变革行为，行动坚决。中国一汽的数智化转型是自上而下、勇往直前的。企业一把手以雷霆万钧之势推动组织变革，除了设定挑战性目标、提供资源和组织保障，最关键的是雷打不动地亲自主持并全程参与数字化变革指导委员会的周例会，听取各条线一把手和数智化战队长的汇报，汇报人每周轮换；企业一把手在会上不断地提问和精准点评，给整个组织注入变革的强心剂和推动力。在人事和组织保障方面，中国一汽切实做到了"不换思想就换人"，绩效突出的干部和员工受到重视、得到提拔。

中国一汽数智化转型的故事有许多不可思议之处。如果不是亲眼所见，很难想到这样激进的组织变革会发生在亟待振兴的东北、老工业基地长春、大型央企。如果中国一汽能克服重重困难，实现如此彻底的数智化转型，其他企业没有理由做不到。

在调研中，我们课题组也发现，中国一汽的数智化转型离不开央企的独特优势，包括从集团领导到一线员工的家国情怀、宽阔视野和职业素养。这些央企的优势，一旦被释放，会形成一股强大的力量。中国一汽的集团领导和体系数字化部都看到了行业未来的白热化竞争、不变革就死亡的趋势，也洞悉数智化转型的潜能。他们既看到危机和挑战，更看到希望和机遇。他们深知，一旦走错路或发生重大偏差，就会把企业引向万劫不复的灾难之中。强烈的家国情怀给了他们巨大的动力，驱动他们全力以赴地探索数字经济时代的中国企业发展道路。他们的探索意义深远。一方面，他们勇于承担变革的风险和挑战；另一方面，他们兢兢业业，战术上高度重视，如履薄冰般谨慎；通过充分的学习和调研，尽量确保路径合理、方法先进。在访谈交流中，我们经常被一汽人的激情、自信所感染。我们发现他们在谈到数智化转型时人人眼中有光，自信且充满激情和使命感，展现出高度的认同感与成就感。他们学习进化的速度如此之快，令我们惊叹。例如，人工智能大模型问世不久，中国一汽已经出现多个成功应用了。

我几年前就听说中国一汽的数智化转型很彻底、很深刻，而且形成了独特的方法论，一直有去调研的念头。幸运的是，经安筱鹏老师推荐，受到中国一汽邀请，参与写作此书。我带领团队五次赴中国一汽开展深入的实地调研，累计访谈 60 余人次，涵盖体系数字化部领导，多个业务和 IT 一体化战队的业务侧战队长、IT 侧战队长及骨干成员，以及多个业务部门的领导；此外，还实地参观了中国一汽的数智化展会，体验了基于角色的云工作台、红旗云妹等数智化产品，也参加了内部的数智化专题会议。百闻不如一见，我的收获和体会远超预期。

我坚信，此书会给所有行走在数智化转型之路上的中国企业以及正在思考如何应对数智化转型这个不可逆转的趋势的读者带来深刻的启发和宝贵的参考。

上海科技大学创业与管理学院院长　毛基业

本篇介绍企业对数智化转型重要性的认知（第 1 章），以及中国一汽数智化思维的内涵和培育过程（第 2 章），为企业数智化转型奠定理论基础。

一、思维转变篇

对数智化转型重要性的认知

面向经济发展大势、企业经营现状和数字技术的广阔应用前景，党中央、国务院作出一系列决策部署，为企业数智化转型提供了引领和支撑。在党的二十大报告中，习近平总书记明确指出要加快建设数字中国，加快发展数字经济。2024 年开年之际，习近平总书记在主持中共中央政治局第十一次集体学习时强调，要大力发展数字经济，促进数字经济和实体经济深度融合，打造具有国际竞争力的数字产业集群。

近年来，我国政府陆续出台了一系列政策文件，擘画数智化转型的宏伟蓝图。2020 年国务院国资委印发《关于加快推进国有企业数字化转型工作的通知》，吹响了国有企业数字化转型的号角。2021 年，"十四五"规划发布，首次以专篇形式对数字化发展作出系统布局，提出要迎接数字时代，以数字化转型整体驱动生产方式、生活方式和治理方式变革。2024 年《政府工作报告》指出,实施制造业数字化转型行动,要以广泛深刻的数字变革,赋能经济发展、丰富人民生活、提升社会治理现代化水平。同时,我国政府加快推进企业数智化转型,相关顶层设计体系日益完备,协调机制也在持续完善。2022 年 7 月,国务院同意由国家发展改革委牵头,联合中央网信办、工业和信息化部等部门,共同建立数字经济发展部际联席会议制度,加强国家层面数字经济发展的统筹协调。此外,面向多行业的数字经济制度基础正日益完善,为企业数智化转型提供有力保障。例如,《中华人民共和国网络安全法》《中华人民共和国数据安全法》《中华人民共和国个人信息保护法》为全行业的网络安全和数据安全管理提供了基本的法律框架;《国家车联网产业标准体系建设指南(智能网联汽车)(2023版)》《新能源汽车产业发展规划(2021—2035 年)》以及《生成式人工智能服务管理暂行办法》等新兴技术管理指导文件也已出台。

然而,传统企业当下面临内忧外患的双重挑战——内部传统管理模式和发展路径面临挑战,外部市场环境动荡加剧。新兴数字技术为企业应对挑战、推动业务增长创造了新机遇。我国政府也积极引领并支持企业加快数智化转型。对企业而言,数智化转型已成为关乎其生存与发展的关键之战,势在必行。

1.1　外患:市场环境动荡加剧

传统企业面临市场竞争加剧、产业变革升级、消费者需求变化以及被宏观突发事件波及等严峻的外部压力。以汽车行业为例，新企业的不断涌入给传统车企带来前所未有的竞争压力与威胁。在过去几年，造车新势力凭借技术创新和精准把握市场需求，市场份额显著提升。互联网公司也纷纷入局汽车行业，运用自身技术优势在不同细分市场开疆拓土。与此同时，新能源汽车国际品牌也在中国市场持续扩大影响力。传统车企不仅要与在位企业竞争，还受到新进入者的跨界"打劫"，市场份额不断被挤压。

产业整体的变革升级，对传统企业提出了更高要求。在汽车行业，过去技术壁垒较高的内燃机被电机所取代，这一驱动方式的变革不仅降低了汽车市场的准入门槛，还使技术难度和成本持续下降，从而推动市场供给的增长。同时，汽车电气化程度也在这一过程中不断提升，为汽车的智能化和网联化创造了良好机遇。在这一大趋势下，汽车的定位正逐渐转向手机、家用电器等智能终端，并最终以出行服务的形式融入智慧城市体系。中国一汽董事长曾指出："数据驱动汽车、软件定义汽车的数字化转型已经成为产业发展潮流，既是生存问题，也是发展问题。"

消费者（终端用户）需求的变化对传统企业而言也是一大考验。如今，消费者的价值观日益开放且多元化，不再满足于产品的基本功能，而是更加注重在线化、个性化、情感化和互动性更强的消费体验。这种终端需求的转变不仅会影响企业的产品和服务设计，还会通过产业链的传导效应，引发整个产业的深度调整。

宏观突发事件也给企业带来了挑战。汽车工业供应链较长、分工较细，尤其容易受到突发事件的波及。过去几年间，国内的一部分制造工厂为响应疫情防控停工停产，境外疫情暴发、日美地区遭遇自然灾害等不可抗力因素更进一步加剧了汽车芯片等关键零部件的供应短缺，严重影响了汽车的产销量。与此同时，部分国家／地区实施贸易禁运，影响了中国企业进出口产品。总之，在"VUCA 时代"（Volatility，Uncertainty，Complexity，Ambiguity，易变、不确定、复杂、模糊），企业面临的外部挑战日益严峻。

1.2 内忧：传统管理模式和发展路径面临挑战

步入数智时代，传统车企不仅面临外部环境的剧变，其传统的企业管理模式和发展路径也迎来了全新的挑战。我国产业发展已进入新阶段，以往依赖西方经验的发展模式难以为继。同时，由内部管理熵增引发的混乱低效也将企业推向了变革的临界点。

其一，我国企业和西方企业正共同迈入数智化的"无人区"，这意味着简单复制西方成熟的发展模式已不再奏效，未来如何发展只能自主探索。事实上，随着我国市场规模持续扩大、产业创新生态加速完善，我国企业在数字技术应用场景、商业模式创新等方面与西方的差距正逐渐缩小。以我国汽车产业为例，最初一无所有，后来被欧美日等先发国家和地区锁定在价值链低端，如今借助新能源的浪潮，一系列自主品牌崛起和复兴。相比于之前数十年对西方企业的跟随、模仿，如今我国企业与西方企业站在相同的技术前沿，思考相同的问题，面临相同的挑战，甚至在部分领域已实现领先。前行之路不再有经验可借鉴，我国企业若囿于过去的成长轨迹，将遭遇前所未有的瓶颈。

其二，企业在发展过程中会出现熵增问题。在传统管理模式下，组织内复杂度不断上升，会导致效率低下、执行混乱、响应迟钝。熵增问题产生的原因包括两方面，一方面，企业流程文件往往与实际业务脱节。首先，随着企业的发展壮大，业务流程日益复杂。尤其是成熟企业，深受现代管理体系的影响，更容易陷入"流程焦虑"。它们试图通过不断撰写流程文件，增设负责沟通协调的实体部门、虚拟组织和相关人员来规范业务管理，结果却造成流程和机构的双重冗余。更加严重的是，大量流程梳理只是为了"交作业"，实际工作中的诸多活动并未体现在流程中，导致流程文件难以为实际业务操作提供有效的标准化指导。其次，为了使流程文件与实际业务对齐，管理人员不得不投入大量时间和精力进行流程调整。即便流程文件得到完整梳理，一线业务人员为了自己的便利，也可能不愿改变工作模式，流程规范难以真正落地执行。最后，众多标准文件和参考材料存在电脑中，不成体系、堆积如山，增大了文档查找、阅览和编辑的难度。员工需要耗费大量时间在"文档山"中搜寻文件、调整格式、修改校验等，反而进一步增大了业务推进的阻力。

> 传统流程管理只解决关系和责任，不管到动作，不管到行为范式，就无法对能力形成管理，因此导致流程无效。
>
> ——中国一汽数字化转型委员会

另一方面，IT系统臃肿、僵化也会引发熵增问题。面对层层叠加的流程和日益复杂的组织架构，企业常寄希望于使用IT系统来提升效率。然而，随着各业务领域的专业需求日益分化，传统的"从需求分析到项目交付"的IT采购模式反而会导致系统繁杂、割裂严重。屡见不鲜的情况是，集团总部、分/子公司以及各职能部门各自采用了不同的IT系统，甚至同一部门内部，不同功能模块的系统也互不兼容。例如，集团总部的预算系统来自国际行业软件公司，核算系统由集团下属软件公司定制开发，而分/子公司的财务系统又由不同的国内外软件公司提供。多种系统并行不仅会造成信息孤岛以及流程、数据和功能的层层叠加，还会导致企业IT管理的复杂度进一步上升。中国一汽的一名产品架构师将其总结为："以往系统开发得很好，经过一年的运维就不成样子了，但是还能运行。再过一年就开始出现不能运行的情况。这种情况下再过一年就全乱了。流程不断增加，系统功能冗余，数据结构混乱。"

混乱的数据结构不仅使数据赋能难以实现，而且成为业务发展的负担。传统的信息化建设采用"定义需求—编码开发—运行应用"的模式,在处理稳定、简单的流程自动化方面具有优势。然而,缺乏统一架构和通用平台、针对不同需求开展个性化开发的传统模式容易造成数据孤岛的问题。当企业为了应对灵活多变的外部环境,动态调整自身业务时,割裂的数据结构难以揭开数据背后的业务关系,更难以满足数据结构辅助动态决策的需求。以汽车企业为例,由于规模庞大、业务涉及众多专业领域、部门繁多且部门之间往往存在壁垒,数据孤岛现象严重。随着业务发展,冗余数据不断积累,跨部门的数据流通与协同会变得越发困难。传统模式难以适应业务的持续发展和变化,其弊端进一步增加了管理和运营的复杂度。

综上所述,随着时代发展,企业不仅无法照搬西方企业的管理模式,还面临组织内部管理熵增的问题。企业需要破解自身面临的发展难题。中国一汽有着共和国汽车工业长子之称,更要积极探索未来发展的新方向。

1.3　新机遇:数智化转型是业务增长的新动力

在外部市场环境动荡加剧、内部传统管理模式和发展路径面临挑战的双重挤压下,企业正迎来历史性的拐点。数字技术的突破性进展,为企业打开了全新的战略机遇窗口。

从经济发展趋势来看,颠覆性数字技术的广泛应用推动了工业经济向数字经济的飞跃,催生了生产方式的深刻变革。在传统工业时代,借助机械化工具对物资进行生产加工,大幅替代了人类的体力劳动。而如今，数字化、网络化、智能化技术正在重塑生产模式，赋能人类的脑力劳动，实现人机智能融合，数据成为新的生产要素。与此同时，商业实践也越来越多地跨越传统组织和供应链的边界，向用户、利益相关者乃至全社会拓展。国家数据局发布的《数字中国发展报告（2023年）》显示，2023年我国数字经济核心产业增加值估计超过12万亿元，占GDP（国内生产总值）比重10%左右。我国数字化生产性服务业占服务业增加值比重增至31%。以云计算、大数据和物联网等为代表的新兴业务收入逐年攀升。2019—2023年，工业互联网核心产业增加值从0.87万亿元增至1.35万亿元，带动渗透产业增加值同期从2.32万亿元增至3.34万亿元。这些数据无一不昭示着，数字经济正以前所未有的速度和规模，引领我国经济高质量发展迈入新阶段。

从企业实践来看，数智化转型成为业务增长和绩效提升的新动力，数智化领先企业在业绩上明显优于落后企业。《2023埃森哲中国企业数字化转型指数》报告显示，在市场和供应链急剧变化的疫情期间，数智化领先企业与落后企业之间的收入增长率差距从2016—2019年间的1.4倍扩大到了2020—2021年间的3.7倍；在后疫情时代，数智化转型领先企业的收入增长仍比其他企业高出10%，成本改善效果高出13%，财务回报显著优于其他企业，在可持续发展方面更是高出32%。

数字技术给企业带来的机遇主要体现在赋能企业提升内部效能、增强对外部环境的感知能力、具备敏捷应对外部变化的能力，让企业在VUCA时代中保持竞争优势并实现可持续发展。

　　首先，数字技术可以从三个方面赋能企业提升内部效能。第一，数字技术可显著促进生产制造降本增效。例如，在汽车制造的过程中，外挂式无线传感设备可实现关键设备的预测性维护，减少非计划停机时长，提升预警准确率，从而节约维护成本。智能工厂和自动化生产线能够大幅提高生产效率和产品质量，例如自动化流程管理工具，可以显著减少手动操作和人为错误，优化业务流程，从而提高工作效率。针对研发、营销、财务等领域的知识型工作，利用数智技术，也可依据沉淀的数据对员工阶段性交付物和工作成果进行自动校验，未来甚至能在一些重复性强、标准化程度高的业务流程中完全取代人工，实现自动化处理。数字化平台可使任一工作环节的前后置任务进度透明可视，让员工预先安排工作计划和准备材料。通过云存储和在线协作平台，团队成员可以实时协作，共同编辑和访问文件，避免版本冲突和沟通不畅，提高工作效率。第二，数字技术可赋能运营决策。利用数智化工具，能够收集、整理和分析大量数据。例如，通过数据可视化和数据驾驶舱，管理者可以直观地查看组织运营、财务核算以及产品实时销售的情况，及时发现问题并制订解决方案。第三，数字技术可以实现产品数字化，形成研发、生产、反馈闭环迭代。产品数字化的核心价值在于，可使产品使用的数据结构化，用数据驱动企业在研发、营销、售后等环节创造更大价值。例如，在汽车制造过程中，利用传感器和网联技术，实现了车辆从制造流水线"下线"即同步在数字平台"上线"，后台可通过数字建模持续跟踪产品的使用情况。中国一汽董事长："全球汽车产业正在发生深刻变革，电动化、智能化、网联化、共享化成为汽车产业发展新趋势。其中，最基础的技术驱动因素就是数字化。"

其次，数字技术赋予企业三大核心能力，使其能够更精准地感知外部环境。第一，数字技术赋能企业实现对产业上下游的全面监控。利用物联网技术，通过在企业内部和外部部署传感器、RFID（射频识别）标签等物联装置，实现了物理世界与数字世界的无缝连接和全面孪生。企业可实时获取生产、物流、销售等上下游各个环节的数据，监控设备的运行状态和性能参数，及时发现并解决问题。进一步地，企业可基于这些数据构建数智化供应链平台，将供应商、制造商、分销商和客户等各方纳入统一的管理体系。通过该平台，企业可以进一步实现供应链各环节的信息共享和协同作业，乃至共享产能和库存，提高供应链的透明度和运作效率。第二，数字技术赋能企业跨越组织边界，精准洞察用户需求。借助社交媒体平台和情感分析技术，企业可及时获取用户的反馈和意见，分析用户对品牌、产品或服务的态度和情感倾向。通过联通私域触点和公域流量，企业可及时发现并解决潜在的问题，优化产品和服务，提升客户满意度和忠诚度。第三，数字技术赋能企业有效应对突发事件。特别是对于汽车制造这类供应链较长、工艺复杂、全球化分工程度高的行业，企业可依托大数据技术对宏观环境进行实时监测与分析，收集、整理和分析来自市场、客户、竞争对手等多方面的海量数据。通过在网络中广泛埋点监控风险，构建分析模型，企业可全天候抓取突发事件信息，并模拟、推演突发事件对未来生产经营的影响，进而制定科学的应对策略。基于对数据的深度挖掘，企业可以发现潜在的市场趋势、消费者需求变化以及竞争对手的动态，提前做出战略调整。

最后，数字技术可以赋予企业敏捷应对外部变化的能力，原因有三。第一，数字技术增强了企业获取和利用数据的能力。尤其在竞争加剧、产品迭代加快的行业（如汽车制造），企业具备实时数据分析能力，便能够迅速响应外部环境的变化，避免被市场淘汰。通过物联网、大数据和云技术，数字孪生和广泛的数据埋点使企业能够将所有业务在线运营，实时获取来自企业内部、市场、客户和供应链等各方面的数据。通过数据治理，企业可以将数据资产化，使其成为新的生产要素。进一步构建分析模型，结合数据持续训练，企业可快速识别市场趋势、客户需求变化和潜在风险。第二，数字技术加快了企业的创新速度。企业可基于云原生的微服务、容器化持续集成/持续部署（CI/CD）等技术架构，实现业务系统的敏捷开发。在赋能业务整体效能提升和系统架构保持柔性的基础上，企业可以快速开发新产品、新功能并推向市场。当市场反馈或客户需求发生变化时，企业可以迅速进行技术迭代，以满足新的市场需求。这种快速的创新和迭代能力可使企业获得并保持领先地位，甚至引领行业变革。第三，数字技术提高了企业组织架构的灵活性。企业可以借助云服务实现跨部门、跨地区甚至跨组织边界的实时协作。基于企业运营数据的沉淀和挖掘，一线员工可以学习根据数据归纳的最佳实践要点，优化自身工作方式。由于组织内部资源配置透明可视，这些数据也可以反哺组织设计的动态调整。

数智化转型的本质是用数字技术重构业务和组织。不仅是一个企业接受新兴数字技术的过程，更是一套战略性的更新和变革，是在不同的实体中、在不同的层面上重新创造价值。企业对颠覆性数字技术的采纳将直接导致价值主张、价值网络、客户渠道等价值创造路径组成部分的变化，并间接催生企业战略、组织架构、文化、人力资源以及领导力的变革。相关研究指出，数智化转型可在多个维度对业务产生积极影响。例如，其产生的正面效益不仅反映在运营层面，如增强资源弹性、加快决策流程、推进自动化决策等，还反映在企业在创新、财务绩效、声誉以及竞争力等多方面表现的显著提升。正因如此，数字技术在推动企业转型、组织变革和破解发展难题方面展现出巨大潜力，受到了广泛关注。不少企业也逐步开始数智化转型，并取得了良好效果。

综上所述，数智化转型成为传统企业破解发展困境、推进业务增长的重要机遇和主要抓手。在中国一汽，董事长敏锐地意识到了数智化转型的重要性，带头吹响了数智化转型的号角。

数智化转型是一场全方位、全要素的革命性变革，是彻底告别过去的运营模式和作业模式的变革，转型的对象是企业的整个业务运营体系；是一项融合数智化思维和技术、重新构建业务模式，并不断提升业务效能的系统性、长期性的工作。

——中国一汽数字化转型委员会

1.4　本章小结

本章详细讲述了数智化转型在当今何以成为企业应对变化、赋能业务，进而实现破局增长的重要战略举措（见图 1-1）。

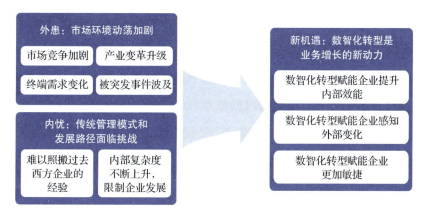

图 1-1　数智化重要性认知的总结框架

如今，我国传统企业面临着内忧外患的局面。一方面，传统企业面对的外部环境充满了变化和不确定性。新技术的突飞猛进推动了市场格局的快速变化，市场竞争越发激烈，产业变革升级，终端需求持续变化，近年发生的一些宏观突发事件也对传统车企的业务造成了不小的冲击（1.1 节）。

另一方面，传统企业自身的管理模式也逐渐失效。行至数智化时代，我国企业与西方企业一同进入尚无先例可循的"无人区"，面临着相似的挑战。我国企业已经无法继续照搬西方企业的经验，必须探索符合其自身特点的数智化转型之路。同时，企业内部管理的复杂度不断上升，限制了企业的发展。传统企业内部流程逐渐复杂化且与实际业务脱节，IT 系统臃肿不堪、难以适应变化，混乱的数据结构也不能为业务赋能。本应使业务发展如虎添翼的种种工具反而逐渐成为束缚。这导致一些企业效率低下、响应迟钝，正逐步丧失竞争力（1.2 节）。

数字技术为企业带来了新机遇，可以赋能企业提升内部效能、增强感知外部环境的能力，使其在面对外部变化时也可敏捷应对。数智化转型为企业带来了业绩的提升，成为业务增长的新动力。我国政府也出台政策，大力推进企业数智化转型。在国家的引导和支持下，企业可借助数字技术，通过数智化转型实现自身变革（1.3 节）。对数智化转型有了基本认知，企业方能走上变革之路。

| 第 2 章 |

培育数智化思维

　　思维是行动的先导。企业在数智化转型中如何"做",取决于如何认识数智化。中国一汽深知数智化思维的重要性,其董事长强调:"数智化思维是开展一切业务活动的基础。"本章将重点介绍两方面内容:数智化思维的内涵(即如何认识数智化)和如何培育数智化思维。

2.1　数智化思维的内涵

　　中国一汽的一把手(包括企业、数字化部门和各业务部门的一把手)一方面向外学习,例如与华为、SAP、阿里云、微软和西门子等数智化标杆企业的专家交流,借鉴先进理念;另一方面，在内部反思数智化转型的重点和难点，探讨数智化思维的内涵。在此基础上，中国一汽总结出了数智化思维的五大核心维度——业务思维、架构思维、数据思维、自主思维和迭代思维。

2.1.1　业务思维：数智化转型的出发点和落脚点是变革业务

关于数智化转型，常见的思维误区之一，是将其简单地视为技术采纳，聚焦于引入数字技术和 IT 系统，错误地将系统成功上线视为转型的核心目标，而忽视了其对业务变革的价值，导致转型流于形式，难以产生实质效益。中国一汽体系数字化部总经理总结道："以往关于转型的讨论焦点都是要买什么系统，要如何立项，如何推进项目交付。看起来干得热火朝天，但对业务有何价值？数智化转型的根本是业务生态和作业方式的全面变革。IT系统是工具和手段，脱离业务开展数智化，都是蛮干，是没有价值呈现的'忙碌'。"因此，企业开展数智化转型，需要具备业务思维，以变革业务作为数智化转型的出发点和落脚点，确保数字技术的应用真正推动业务变革。

基于业务思维开展数智化转型，具体体现在以下三个方面。第一，一切转型工作都要聚焦用户的需求。转型要思考用户是谁，要站在用户的视角，思考用户最需要的价值到底是什么，怎样借助技术解决方案来满足用户的价值诉求。例如，中国一汽在人员能力数智化转型过程中，从用户视角切入，敏锐地识别员工与管理者是两大类核心用户，他们的价值主张迥然不同，进而针对不同需求设计了不同的功能模块。具体来说，员工最需要的是清晰的评价标准，以便明确自身在角色和职级上的发展路径。因此，应构建一个清晰、明确、公平的职业发展生态平台，帮助员工定位并规划成长方向。而管理者则聚焦于本部门的人员能力如何满足业务需要并实现部门的战略目标，因此应借助数字技术为管理者精准地分析部门人员能力，并提供匹配其能力水平的培训服务。总之，只有为用户提供他们想要的价值，才能让数智化转型深入业务、走深走实。

第二，所有工作都要以"产品化"为导向，对业务实现全生命周期的赋能。数智化转型要推动业务变革，就不能止步于 IT 系统交付，而是要以终为始，着眼于业务的全生命周期，思考如何在业务的端到端流程中创造价值。

怎样才是全生命周期的赋能？在中国一汽营销中心以往对以政企客户为主的重要客户的管理中，IT 系统以构建客户数据库为核心工作，以销售量为数据指标考核业务部门。但基于业务思维，营销中心意识到不能仅构建客户数据库，还要利用数据构建客户画像和持续迭代的行为模型，让一线业务人员能够追踪、分析客户的潜在购车需求，主动出击。业务行为从被动响应转变为主动出击，数据从静态的、间断的升级为动态的、实时的。同时，营销部门以复购率指标代替销售量指标，引导一线业务人员重视业务全生命周期的发展。这是因为对以政企客户为主的营销而言，不同客户采购规模不一，销售人员也难以影响客户单次采购量，并且在同一地区内政企客户的数量有限，拓展新客户也是极难的。过去以销售量指标来考核只会增大一线业务人员的工作压力，难以反映业务现状，更无法起到引领业务质量提升的作用。而复购率这一指标，能够促使一线业务人员不局限于与客户单次交易的短期视角，而是采用全生命周期的视角，分析客户未来的长期需求，进而在不同时期有针对性地调整客户关系维护工作，持续提升客户满意度，促进业务可持续发展。

第三，以业务价值作为转型成果的核心评价标准。数智化转型要推动业务变革，就不能认为系统上线就等于工作完成，而是要评价到底为业务提供了多少价值——业务部门的效率和效益可以提升多少？对业务有没有优化作用？有没有提升人员和组织能力？数智化转型要赋能业务，就不能只盯着完成手上的任务，而不去思考价值。

2.1.2 架构思维：始于架构，终于架构

架构是人们对一个复杂系统内的元素及元素间关系进行抽象化的产物。通过梳理架构，人们可将复杂的问题拆解为多个简单的部分，以便分别处理每个部分的主要问题，最终再将这些部分整合为一个全面的解决方案。人类的思维能力终归有限，对于量级达到一定程度的系统，必须通过梳理架构，使其简化，这样才能让复杂系统的创造、理解、分析和治理变得可行。中国一汽在数智化转型过程中，运用架构思维将企业内的各类活动梳理为5A架构（关于5A架构，详见第6章）。5A架构作为企业数智化转型的顶层设计，一方面可以保障整体与部分间完整有序的关

系，另一方面可以确保落地结果与企业战略目标一致。

　　架构思维有助于企业把握整体与部分的辩证关系，使数智化转型始终围绕企业的整体架构展开。通过建立统一的企业架构全景图，既能确保业务规划与系统建设有序协同，又能帮助各部门在推进具体工作时保持全局视野——明确自身工作在整体战略中的定位，避免陷入零散化、短期化的执行误区。当局部模块完成优化升级后，创新成果又会反哺整体架构，成为下一轮迭代的基础。这种动态演进机制有效破解了大企业内组织、流程和系统的熵增。

　　架构思维有助于企业对内部的不同活动进行分类处理，并进行有针对性的优化。在梳理业务架构的过程中，将复杂的业务流程拆解为不同类型的子流程，使企业迅速识别每类子流程的特征和不同类型子流程之间的关系。在此基础上，分析业务问题具体源于哪类子流程，进而开展有针对性的优化。

　　组织架构进行了怎样的调整，业务逻辑有哪些变革，流程是如何改进的，以及员工在日常运营中所形成的知识和经验等都被整合进架构，而非停留在员工的头脑中和手头的文件上。企业中每个人的智慧和成果都可以通过在架构中沉淀，成为"企业"这一组织的核心资源，进而在未来形成能力组合，成为企业的核心竞争力。

2.1.3　数据思维："数数、分类、定标准"

　　数据思维强调利用数据驱动决策，发挥数据要素的巨大价值。传统企业与数字原生企业的根本差异就在于，数字原生企业利用数据寻找发展方向，而传统企业往往会忽视数据。不抓取数据、不运用数据、不基于数据做决策是传统企业的最大弊病。

数据来源于对现象的观察和记录。想要有效利用数据驱动决策，就必须将业务的真实情况准确地反映在数据中。然而，业务活动纷繁复杂，要将这些现实中的活动转化为有价值的数据，就必须对业务活动进行解构。正如中国一汽体系数字化部总经理总结的："为什么我们能驱动变革，因为我们抓住了本源，我们把视野里所有的事全解构了。"

以数据思维为指导开展数智化转型，首先要对业务活动进行解构，中国一汽解构业务活动的方法，被称为"数数、分类、定标准"。

数数，即穷尽管理对象，形成数据的采集点。数智化的前提是数字化，将企业内的人、事、物、系统通过"数数"全部纳入管理是数智化的开端。在传统的管理中，过多的组织层级使信息在传递过程中出现衰减，管理者难以掌握管理对象的真实情况。数智化转型要赋能业务、推动变革，自然要厘清管理对象。

例如，对于汽车销售，至关重要的就是挖掘客户的购车需求。挖掘客户需求以销售顾问对客户提问这一动作为基础。因此要数智化"挖掘需求"的过程，首先要梳理销售顾问向客户提出的所有问题。中国一汽的营销中心通过收集销售顾问的服务记录，提取出销售顾问能向客户提出的所有问题，最后提炼得到的百余个问题就是赋能挖掘购车需求这一业务所需管理的对象。

分类，就是抽象和归集，按照相应的管理目标，对管理对象标签化和属性化。只有梳理出不同类别的业务场景，才能进行有针对性的优化。之后，再将管理目标与业务场景进行匹配，对数据进行初加工。

上文中的百余个购车需求问题，作为管理对象不是独立存在的。既然目的是挖掘购车需求，可将这些问题按目的分为了解客户经济能力、挖掘客户出行需求等 14 个大类。对这 14 类问题再进行归纳，就可得到销售顾问挖掘客户需求的 5 大类能力。这样就可以依据分类的结果对销售顾问挖掘客户需求这一专业能力构建能力模型，进而为业务赋能打下基础。

数数和分类让原本纷繁复杂的现象变得有序，接下来是定标准，基于数据对业务活动进行评价和优化。

定标准，就是找到业务价值，并据此制定标准。在销售顾问接待客户的情境中，通过将销售顾问同客户交流的情况和销售达成情况做对照处理，就可以总结出销售最佳实践的规律。以此为基础，就可以在销售顾问的能力模型中构建评价标准和优化指南，对销售顾问的行为进行诊断分析。不仅能给销售顾问打分，列举其能力弱项，还能识别未来改进方向，同时也可对能力模型进行校验和优化。

解构就是透过现象看本质，通过"数数，分类，定标准"，让原本捉摸不透的艺术，变成清晰明确的科学。

以数据思维为指导开展数智化转型，要在对业务活动实现解构的基础上，通过数字孪生，实现流程在线化，在运营中抓取和积累数据。要建立数据驱动的业务演进模式，就必须构建涵盖业务全流程的应用系统，将所有行为在线化。凭借强大的数据收集机制和埋点能力，自动对企业每天的业务进行监管和统计，使得所有业务的全部流程都有数据记录。中国一汽打造了云工作台，为员工提供在线作业的场景，将业务的全流程细化到能够显示在什么时间、什么人做了什么事、达到了什么标准、交付了什么内容、投入了多少资源。

以数据思维为指导开展数智化转型，还要求企业对运营中沉淀的数据进行分析，用数据驱动决策。企业每日的运营数据都被记录在案，通过数据分析就可以对业务实践进行量化和评估。基于数据的决策可以推动业务不断优化，形成闭环迭代。例如，以前中国一汽的营销中心每年需要投入大量资源和精力筹备多次车展，但一直没有明确的效果优化方向。中国一汽通过数字化技术为车展实现了数字孪生，实时记录车展中的展台位置、活动和热力图（见图 2-1），并据此进行相应的人员调配和讲解配置。事后，营销中心还可综合客流、订单来源和人员服务等数据对车展效果进行量化评价，据此优化下一场车展的部署。小到一场车展，大到整个集团的流程乃至组织机构的调整，企业都可以通过数据掌握所有业务活动的真实情况，实现数据赋能。过去企业管理中的流程是否合理？部门、机构、单元如何设置？哪些工作应设独立部门负责？哪些部门应该合并？又有哪些部门应该裁撤？对于这些问题，除了效仿标杆以外，几乎都是大家拍脑袋做决策。中国一汽将所有线下发生的作业与线上的业务单元实时联动，然后依据运行数据实现业务单元和流程的迭代。经过半年的数据运营，中国一汽将内部流程精简了 58%，效率大幅提升。

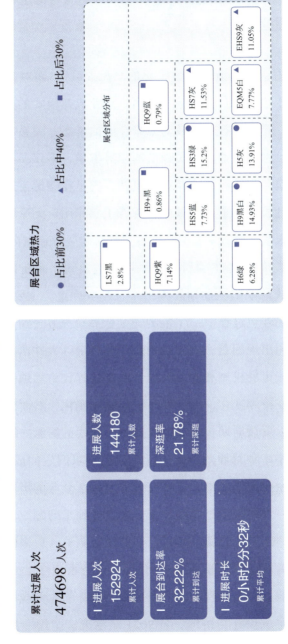

图 2-1 中国一汽的数字孪生车展（示意图）

2.1.4 自主思维：坚持自主研发、自主能力构建和自主转型理论创建

国内企业逐渐走入数智化的"无人区"，面对和西方企业相同的技术边界，过去简单模仿西方企业成熟模式的方法自然也不再可取。经营数智化将成为未来企业的常态，关系着企业的生存和发展。国有企业是国民经济的主导力量，不仅在汽车制造、钢铁、建筑等实体经济中是主要支柱，更是在能源、通信、国防等关乎国计民生的重要领域中发挥着主导作用。无论数智化转型之路如何艰辛，国有企业的转型过程都必须坚持独立自主。

过去传统的 IT 项目主要采用外包模式，而在数智化转型中这一模式的缺陷就逐渐暴露出来且越发严重。主要有三个缺陷。第一，在外包过程中，IT 能力完全依靠第三方公司支持。一旦第三方公司出现问题，就会对企业业务产生巨大冲击。第二，外包模式依赖市场机制和商务流程，协作过程较为烦琐。现如今市场与业务在持续变化，数字产品也要随之变化，然而外包合作流程环节多、反馈周期长，难以快速响应迭代的需求。第三，在外包的过程中，项目履约、维护以及变更需求产生的成本极为高昂，抬高了企业试错成本，这将在无形中扼杀企业的潜在创新力。过去中国一汽也曾走过弯路，工作人员看到了问题，也有了解决思路，但因外包模式所限而迟迟不能做出调整。后来中国一汽拥有了自研能力，自己写代码，可以随时进行系统修正。

目前，中国一汽已经实现了核心业务的业务规划、架构规划完全自主的设计与落地。自 2021 年以来，中国一汽几乎没有产

生咨询费用和系统采购项目，全部自研。因此，中国一汽在系统开发过程中，免去了招投标、巡视等机制的限制。同时，中国一汽自主开发核心 IT 产品，建立了自己主导的研发体系，自主掌握核心测试能力、测试标准和管理体系，并形成了自主的敏捷开发团队。在成体系的自主能力加持下，各领域的数智化转型从规划到系统上线的效率提升了 40% 以上。

2.1.5 迭代思维：快速试错、持续迭代

数智化转型需紧跟变化。处在这样一个技术爆炸的时代，企业数智化转型需要在新技术、新方法不断涌现的过程中同步调整，以敏捷应对外部变化。

近年来 AI（人工智能）发展迅猛，中国一汽最开始只是简单地利用 AI 工具协助归纳信息，现如今已将 AI 与员工技能和业务流融合，实现了业务流程自动化，与技术进步始终保持同频。

特别是对非数字原生企业而言，快速试错、持续迭代可以让员工更快地看到数智化的价值，调动员工的积极性，进而更主动地参与转型。

例如中国一汽营销业务的数据治理过程，第一期工作就涉及 200 多套历史图像系统和多条业务线。在多条业务线同步推进的过程中，有些同事屡屡抱怨任务繁重，耽误了本职工作，不愿花时间推进。后来中国一汽转变了数据治理工作的思路，以单个项目为单位快速上线，之前抱怨的同事竟然变得主动起来。原因就在于他们在实践中很快就看到了价值，看到了解决自身痛点的希

望。越来越多的同事支持转型，形成了从数据治理到痛点改善的良性循环，数据治理的架构得到了组织上下的快速贯彻。

数智化转型过程必定伴随着种种不接受、不适应。占用大量资源设计出完美作品既不现实，也很危险。转型工作要快速推进，产品和功能也要快速上线，让员工在一点一点的实践中看到转型的成效，看到对实际工作的助力，看到转型的前景。

2.2 全员数智化思维的形成

在明确数智化思维内涵的基础上，企业需要转的是"全员"思维，而不仅仅局限于个别管理者或业务骨干的思维，真正贯彻"不换思想就换人"。

2.2.1 全员数智化思维的重要性

数智化转型如同一次穿越未知海域的航行。面对变幻莫测的环境，企业这艘巨轮若想抵达转型成功的彼岸，离不开全员的协同努力。航行中，高层管理者是掌舵的船长，中层管理者是负责协调运作的副船长与传令官，基层员工则是在甲板上奋力操帆的水手。数智化思维是整个航程的导航系统，帮助全员校准方向、统一目标。

高层管理者是战略的设计者，必须具备前瞻性思维和对数智化的认知，这样才能把握技术变革趋势，制定契合企业实际的转型蓝图。

中层管理者是战略与执行之间的"转换器"。他们需将船长制定的航线与目标准确传达至操作层，并对船只运行状态进行实时调整。如果他们本身尚未形成数智化思维，极有可能在传达中出现"误差"，导致偏航。

基层员工在风浪中奋战，是转型战略真正的执行者。基层员工如果缺乏数智化思维，无法理解新工具、新流程的价值与用途，那么即使设计了再精妙的航线，也可能因"执行不到位"导致船只难以抵达终点。

因此，推动数智化转型的首要任务是让全员形成统一的数智化思维。这不仅是对知识的更新，更是对行动的共识与对价值的认同。只有当船长、副船长和水手们都遵照同一套导航系统、迈向同一个方向，企业这艘航船才能在风浪中保持航向，勇敢驶向成功的彼岸。

2.2.2　双管齐下培育数智化思维

一个常见的现象是，当高层管理者勾勒出数智化转型的蓝图后，员工因缺乏全局意识和对数智化的认知，会对蓝图如何实现感到迷茫。中国一汽某位员工回忆："当时，我们的思维没到那个高度，跟不上领导的想法，更不用提实际推行了。"为了解决这一问题，企业可以采用内外结合的方式培育管理者的数智化思维，同时运用自上而下的方式带动基层员工，双管齐下。

针对管理者，企业首先需借力外部专家，对标行业标杆的先进实践，帮助管理者清晰地认识到"数智化思维是什么"，为数智化转型埋下种子。以中国一汽为例，中国一汽协同华为的专家，开展了面向 68 名业务中层管理者与 IT 高层管理者的脱产培训。培训为期 8 天，主要围绕数字战略、架构流程、业务设计、数据驱动、敏捷运作、产品运营、数字平台等方面展开，辅以终期考核。

企业还需在内部开展针对性强的实操培训，引导管理者将新思维与实际业务紧密结合，理清"数智化转型究竟该怎么做"。例如，中国一汽在确立数智化转型战法后，决定引入 TOGAF 方法设计企业架构，创立了业务单元概念，并以业务单元为抓手开启业务重构。为了帮助管理者理解 TOGAF、业务单元等全新概念，内部培训应运而生——共 40 余名战队骨干参加了为期 11 天的脱产培训。这次培训的内容围绕 TOGAF 的核心理念、架构设计、场景落地、价值梳理等展开。其中，最为重要的是"三张图"——用户价值图、业务演进图、架构生长图。学员需要根据这三张图梳理所在部门的真实场景痛点并提出解决方案。一位来自财务部门的学员赞叹："看似'纸上谈兵'，实则我们培训回来以后迅速把解决方案落地了，实际地使用起来。"来自研发总院的一位学员感叹："我们部门的人学习能力很强，学习之后再结合我们的业务场景，思维转起来就很快。只有理解这件事是对的，才能继续往下推。"

针对基层员工，企业需以内部学习为抓手，由管理者向基层员工渗透数智化思维，使员工在日常工作中逐渐内化。以中国一汽的体系数字化部为例，部门负责人为员工编制了"50 本必读书单"。一位员工感叹："原先我们读的书都是 IT 架构、系统设计之类的'生存之书'，现在变成读'生命之书'，属于质的飞跃。"

体系数字化部负责人要求每位员工撰写读书心得，思考如何将新知识融入日常工作，做到内化于心、外化于行。体系数字化部会从中精选出有深度的心得发布到线上平台，并沉淀到"体系数字化部工作法"中，激励其他员工不断思考和成长。例如，工作法中提到的"无论是鸳鸯阵，还是三三制战法，都与业务单元的解构相对应"，就是从优秀心得中提炼而来的。为了潜移默化地影响员工，中国一汽还将董事长提炼的数智化思维以标语形式展示在开放办公区的墙面、会议室的黑板上，确保这些思维融入每个员工的日常工作。

2.3　本章小结

本章详细介绍了企业数智化思维的重要性和内涵，以及如何培育全员的数智化思维（见图 2-2）。

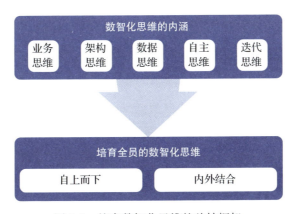

图 2-2　培育数智化思维的总结框架

数智化思维包含以下五个维度。一是业务思维，即以变革业务作为数智化转型的出发点和落脚点。二是架构思维，即基于架构，统筹和协调企业内的力量和活动，并通过架构的不断丰富和更新，实现企业能力的迭代。三是数据思维，即以解构企业内部各项业务活动为基础，通过数字孪生将业务在线运营，不断抓取和积累数据，最终实现数据驱动决策。四是自主思维，即在转型过程中坚持自主研发、自主能力构建和自主转型理论创建。五是迭代思维，即在转型中快速试错、持续迭代（2.1节）。

要实现数智化转型，还必须培育企业全员的数智化思维。具体而言，企业需要采用内外结合的方式，组织针对管理者的培训，学习行业最新实践。同时，由管理者向员工渗透数智化思维，使员工在日常工作中逐渐认同、学懂、悟透。这样，在面对数智化转型这一宏大的系统工程时，企业可以做到统一认知、上下齐心（2.2节）。

二、组织建设篇

本篇总结企业数智化转型过程中的组织建设机制，包括一把手领导（第 3 章）、组织架构保障（第 4 章）和人员能力构建（第 5 章）。

| 第 3 章 |

数智化转型：绝对的
"一把手工程"

数智化转型是绝对的"一把手工程"。各级一把手必须是转型的"舵手"，要深入理解转型的核心要点，主动承担起引领转型的重任，以确保数智化转型的顺利实施。具体而言，企业一把手需要承担数智化转型的总架构师角色，做到谋定而后动，统筹各方资源，深度参与转型。数字化部门一把手相当于数智化转型的产品经理，不仅要具备扎实的技术能力，还需协调各方，积极推动转型进程。同时，业务部门一把手需承担起部门的业务负责人、技术落地负责人和部门能力构建者的职责，将自己所领导的部门的数智化转型视为自身使命，砥砺前行。

3.1 企业一把手应躬身入局

相较于企业其他成员，企业一把手在推动数智化转型的过程中具有独特优势，是数智化转型的根本保障。第一，企业一把手在企业内拥有最高权威和最大的权力。数智化转型往往伴随着企业内外部的重大调整，触及错综复杂的利益关系。组织成员可能会出现恐惧、回避、消极应对，甚至抵制转型的情况。企业一把手手中的权威与权力使他能够影响组织成员的认知和行为，能够配置资源，在转型过程中"喊得动人""投得够钱"。第二，企业一把手具有认知优势和战略远见。他能够深刻把握企业现状与外部趋势，做出正确的决策。第三，企业一把手的管理范围很广。数智化转型涉及企业的方方面面，企业一把手能够穿透企业的不同管理层级和部门，确保转型战略、指令在各个环节得到有效执行。

因此，企业一把手领导数智化转型已经成为大势所趋。国务院国资委发布的《关于加快推进国有企业数字化转型工作的通知》中提到要实行数字化转型一把手负责制，开展"一把手谈数字化转型"工作，凸显了一把手领导数字化转型的关键作用和主体责任。

3.1.1 企业一把手成功领导数智化转型所需的特质

通过分析中国一汽的最佳实践，笔者发现，想要成功领导数智化转型，企业一把手必须具备以下特质：热爱学习、亲自下场作战、坚持长期主义以及具有强大的数据思维能力。

1. 热爱学习

企业一把手需保持终身学习的习惯，积极拥抱数智化、学习数智化并在数智化实践中不断得到淬炼。首先，积极拥抱数智化使企业一把手能够紧跟数智化转型中涉及的众多新兴技术，洞察行业最新动态。其次，学习数智化使企业一把手能够深刻理解数智化转型的意义和方法论，有效领导转型。最后，企业一把手能够将理论和数智化实践联系起来，并在实践中不断得到淬炼、更新认知。

在中国一汽，企业一把手不仅亲自参加数智化培训和外部企业参访，还要求组织成员积极学习，强调"以学促干，奔着问题去、带着问题学、对着问题改"。凭着对学习的热情，中国一汽董事长显著增强了自己对转型的认知、认同和决心。

2. 亲自下场作战

在数智化转型过程中，企业一把手会面临巨大的组织惰性与各类抵触情绪。单靠某个部门或某位管理者，很难完成转型任务。因此，企业一把手应该勇于亲自下场作战，全面领导、深度参与数智化转型，推动跨部门、跨层级的协作，引导全体组织成员积极主动地参与，绝不可以做"甩手掌柜"。

3. 坚持长期主义

数智化转型没有捷径。面对思维、方法、组织、文化等各种挑战，企业一把手需要坚持长期主义，踏踏实实地解决每个环节的问题，"遇山开山、遇水搭桥"，这样才能完成数智化转型。在中国一汽，董事长选择了"攀登珠峰北坡"这条最艰难的自主的数智化转型之路，重构业务架构和信息架构，研发中国一汽的云原生平台等复杂系统，为中国一汽数智化转型奠定了坚实的技术基础。此外，由于数智化转型存在短期难见效、效果难度量的特点，企业一把手需要顶住各方压力，不断投入和试错，持续总结和迭代，一步一个脚印地前进。

> 数智化转型永远在路上。数智化转型不是一蹴而就的，不能一下子就把它铺开并带来实实在在的东西，但是这个方向是正确的，它是一个长期工程，我们得坚持下去。
>
> ——中国一汽数字化转型委员会

4. 具有强大的数据思维能力

在数智化转型中，企业一把手必须相信数据，并具备强大的数据思维能力，利用数据做出科学的决策。传统企业的决策往往依赖于经验，这种模式存在诸多弊端。第一，由于缺乏数据支撑，企业难以贴近用户，导致对用户实际需求不够了解，反馈和服务不到位。第二，大量决策和指令都是基于主观判断，缺乏数据的支持。利用数据，企业一把手可以更深入地洞察用户需求，制定更贴近市场和用户需求的策略，提升企业的服务质量和客户满意度。数据可以帮助企业一把手提高决策的准确性和科学性，逐步构建一种以数据为基石的决策文化。

在中国一汽，企业一把手强调数据的重要性，将数据的收集、处理和应用上升为企业的战略任务。在听取组织成员汇报时，要求抛弃传统的、容易被人粉饰的 PPT，采用"数据直采"模式——直接从数据湖中提取原始数据，以确保信息的准确性，直击问题根本。此外，企业一把手强调数据驱动，打造基于数据的运营体系，并在经营决策中参照数据分析结果，显著提升了企业的决策效率，确保了决策的准确性和科学性。

3.1.2 企业一把手领导数智化转型的核心行为

企业一把手成功领导数智化转型，需要运用一系列卓有成效的核心行为，包括战略引领、激活组织、提供支持、推动学习、管理过程。

1. 战略引领

数智化转型是一个系统性、全局性变革的过程，涵盖了技术、业务模式、组织架构等多个层面。在这个过程中，自上而下的顶层设计以及企业一把手的战略引领尤为关键。企业一把手必须基于对企业的了解和对数智化转型的理解，制定切实可行的转型战略并推动战略的执行。

在中国一汽，面对汽车行业的快速洗牌、新能源技术的冲击，以及数字技术的崛起，企业一把手亲自领导研讨，对形势进行研判，思考中国一汽的发展愿景，对可能开展的变革进行探讨，制定了中国一汽的数智化转型战略，明确了数智化转型的关键目标和主要内容，重点强调借助数字技术全面重构业务，实现"双100"目标，即 100% 业务数字孪生、业务效能提升至少 100%。

值得注意的是，数智化转型战法并非一成不变，而是伴随转型进展、新兴技术和市场需求等不断迭代。中国一汽的一把手在先前数智化转型成效的基础上，充分利用 AI 技术，围绕"中国一汽·七星云工作台"彻底重构了业务，实现了"双 100"目标，完成了新一轮的迭代。

2. 激活组织

为了更有效地推动数智化转型，企业一把手需要以果断决策和强力手段，"刀刃向内"，激活组织。具体方式包括以下几点：

第一，建立灵活的用人机制。企业一把手需要推动形成"干部能上能下、员工能进能出、薪酬能高能低"的用人机制，激发全员的积极性和创新力。例如，通过"全体起立、竞争上岗"的方式提拔具备数智化能力的年轻干部和员工，确保关键岗位人员拥有敏锐的数智化思维和执行力。

第二，强化领导力问责机制。企业一把手既要严格考核结果，又要注重过程管理，在转型进度和结果不及预期时杀伐果断，替换不称职的主要负责人。例如，中国一汽的一把手在周例会中会考核各部门的数智化转型进展，若发现某部门领导未能有效推动转型，便会果断按规章撤换，安排一位具有丰富数智化经验的资深主管接任。

第三，建设人才晋升通道。企业一把手需要摒弃传统的论资排辈，建设基于能力和工作表现的人才晋升通道。中国一汽在数智化转型过程中通过调整用人机制，缩短了员工晋升周期，从新人到企业中层管理者的最快晋升时间缩短了 40%。更多具有潜力的年轻人才有机会快速走上管理岗位，充分发挥其在数智化方面的能力。

第四，成立新组织。中国一汽的企业一把手成立跨部门数智化推进团队、数智化委员会等新组织，并选聘合适的内外部人才加入其中，进一步激发组织活力。

第五，推行扁平化管理。企业一把手需要秉持"机构能增能减"的理念，系统性、有针对性地调整过时的组织结构，推动企业各层级建立不同的组织形态，体现一整套打法的逻辑，推行扁平化管理，为转型实施奠定组织层面的基础。

3. 提供支持

企业一把手需要对数智化转型提供足够的支持。数智化转型通常需要资金、技术和人才的持续投入，短期内难以显现成效，效果也不易衡量。

首先，企业一把手要顶得住压力，坚定不移地提供支持。例如，在中国一汽，企业一把手拥有长远的战略眼光，为数智化转型提供了大量资金和技术支持，确保了转型工作顺利推进。

其次，企业一把手需要赋予关键人物充分的决策权与资源调配权。在中国一汽，企业一把手将集团的部分的绩效考核权交予体系数字化部总经理，支持其构建以 OKR 和能力为核心的 T 序列人员能力体系、数据驱动的能力评价与绩效管理机制。此举不仅为体系数字化部负责人这一关键转型驱动角色提供了权力保障和资源支持，而且显著提升了数智化工作在企业中的地位与权重，强化了企业对技术人才的重视程度，也激发了这些技术人才的新动能。

再次，企业一把手还需注重选拔并赋能具备数智化能力的核心人才。应制定明确的标准和流程来识别那些对新技术有深刻理解，并能有效应用这些技术解决实际业务问题的人才，为其提供必要的资源，为转型工作注入源头活水。

最后，企业一把手应着力构建信任与开放的工作环境，切实做到信任并支持组织成员的成长与探索。此举旨在让各级领导和员工深切感受到企业一把手对他们的重视，营造一种积极进取、敢于创新、勇于担当的企业文化氛围，充分激发组织成员在数智化转型过程中的创造力，为顺利实现转型目标提供坚实的内生动力。

4. 推动学习

企业一把手需要通过推动学习来改变组织成员的认知并构建数智化能力、建立基于角色的能力版图，打造一支有能力的核心团队。

一方面，企业一把手要推动高管学习，打造一支能够有效领导数智化转型的管理团队。推动高管学习，可以采取多种方式，包括专家辅导、集体学习、个人自学和交流研讨等。中国一汽的企业一把手明确表示："要打造以数智化引领的中国一汽卓越领导力。"他强调："在数智化转型浪潮中，高管必须做到'能上能下'，否则'不换思想就换人'。"

另一方面，企业一把手要推动员工学习，打造企业实施数智化转型的中坚力量。在中国一汽，企业一把手积极倡导全员学习数智化，为员工提供参加外部脱岗培训的机会，定期举办数智化转型培训班，邀请华为、麦肯锡、特斯拉等行业标杆企业分享转型经验，要求"能力要长在员工身上"，将"懂数智化"作为"能进能出"的标准，对不合格员工发出警告，同时淘汰无法适应数智化转型的员工。这不仅提升了中国一汽整体的数智化能力，还实现了 20% 的人才更新，为可持续发展奠定了坚实的基础。

5. 管理过程

管理数智化转型过程是企业一把手推动转型的有效抓手。他需要全程参与关键决策、关键节点，这样才能确保每一步都稳扎稳打、落实到位。在中国一汽，企业一把手设置了数智化变革指导委员会周例会，亲身参与到"一线炮火"中，管理数智化转型的过程，每周都坚持参加周例会，一场不落。他对周例会的内容做出了两点要求。

第一，杜绝报喜不报忧。在他看来，各战队的周例会报告不仅需要展示成绩，更关键的是要披露问题。只有分析和解决转型中的问题，预防转型中的风险点，才能确保转型落地。因此，他鼓励大家放下包袱，有问题尽快报告，一起攻克难关。

第二，汇报时采用直采数据，不需要制作 PPT。在中国一汽，企业一把手要求周例会上不能使用 PPT 来汇报，制作 PPT 不仅耗费时间，而且由于 PPT 里的数据可以随便篡改，越往上汇报，越有可能失真。因此，他要求使用直采数据和系统进行汇报，反映最真实的业务情况，从而为业务优化和策略制定提供客观依据。

企业一把手亲自主持周例会，这种过程管理方式成为中国一汽转型的有力推进机制。对一把手而言，他通过周例会，可以深入了解和及时发现转型中的具体问题，并指导大家解决问题。对周例会的参与者和汇报者而言，每周必须有实质性的转型进展，必须解决上周出现的问题，他们面临着巨大的压力，这种压力也有效驱动了业务快速优化。

3.2 数字化部门一把手承上启下

数字化部门一把手相当于企业开展数智化转型的产品经理，最好是复合型人才，熟悉行业价值链、拥有独立管理企业的经验，并具备广泛且深厚的技术能力。这样的人才能承上启下，担当中流砥柱，帮助企业成功开展数智化转型。

3.2.1 数字化部门一把手需要具备的特质

成功的数字化部门一把手往往身处企业决策核心圈，承担战略规划、技术研发和组织变革等多重关键职责，是企业中最为稀缺的 T 型人才[⊖]。笔者提炼出了其所需要具备的以下四种特质：

其一，拥有领先的转型理念。 数字化部门一把手需要着眼全局，深刻洞察业务本质和技术本源，精心设计和推动变革，通过立规矩、定方向、制原则等手段有效应对转型中的各种挑战。例如，中国一汽的数字化部门一把手深谙第一性原理、云原生和 TOGAF 等前沿理念，他结合企业实际，将其内化为契合公司发展的数智化转型方法论。他一方面将这些理念向上传递，推动其上升为公司战略；另一方面，将这些理念向下贯彻至实操层面，确保数智化转型的高效落地。

其二，拥有强大的技术领导力。 数字化部门一把手需要凭

⊖　T 型人才是指既拥有广泛的知识面，又具备某一领域专长的人才。

借其技术专长和丰富经验，深度挖掘企业数字资源、引入或开发先进的数字技术。他还需说服企业不同层级的组织成员接受并应用这些技术，推动技术在经营和业务重构中的落地。例如，在数字化部门一把手的领导下，中国一汽引入 TOGAF，研发了云原生架构，推动了业务单元重构，为数智化转型的成功奠定了坚实基础。

其三，**始终保持创新和探索精神**。近年来，数字孪生、生成式 AI 等技术迅猛发展，外部环境和市场需求风谲云诡。数字化部门一把手只有始终保持创新和探索精神，以开放心态拥抱新技术、新模式、新动能，才能有效驱动转型，为企业的发展提供源源不断的动力。在中国一汽，数字化部门一把手强调在转型中要进行全方位、多角度、全链条的持续创新——几乎所有核心应用软件都依靠自主研发。这不仅践行了中央对关键核心技术自主可控的要求，更成为企业发展新质生产力的关键。例如，他亲自推动生成式 AI 在基础管理领域（如法律、合同、员工手册、员工服务等）的应用探索，打造了 GPT-BI 模型。该模型基于自然语言输入，能够自动生成业务分析与决策方案，满足企业对数据洞察的实时性与个性化需求，显著提升了管理效率与决策质量，实现了"问答即洞察"的智能响应。

其四，**具备协调能力**。数字化部门一把手作为协调者，需要推动跨职能合作，确保数字化部门与各业务部门之间的顺畅沟通与合作，打破部门之间的隔阂，共同创造价值；需要参与实际的转型工作，运用自身的技术知识和领导能力，与团队一起攻坚克难。

3.2.2 数字化部门一把手推动转型的关键行为

数智化转型中，随着企业各业务对数字技术的依赖程度不断增加，数字化部门一把手的职责已不再局限于传统的技术管理领域，而是扩展到战略制定、组织协调和文化变革等多个层面。数字化部门一把手是企业一把手的重要助手，对于整个企业的转型成败起着至关重要的作用，必须具备强大的变革领导力。

1. 构思数智化转型

数字化部门一把手需要对转型的本质、价值、最佳实践具有充分的了解，以深刻的认知和战略眼光，规划数智化转型。在风谲云诡的环境中，只有不断提升认知和能力水平，才能从容应对各种挑战。在中国一汽，数字化部门一把手深入思考与学习基础理论，形成了独特的见解，为中国一汽量身定制了一套数智化转型的方法论，提出"数数、分类、定标准"的七字箴言（2.1.3 小节），定义了"业务单元"概念，引入了 TOGAF 并构建了数智化转型方法论（详见第 6 章和第 7 章）。

2. 助力其他领导角色

全力辅佐企业一把手。数字化部门一把手需要利用其拥有的专业知识，通过持续的沟通与讨论，不断向企业一把手"渗透"数智化相关的知识，使其了解数智化转型的最新方向和情况，明白数智化转型是什么、有什么价值、可能面临哪些挑战以及如何实现。数字化部门一把手在与企业一把手的沟通中，还需注重深刻理解其战略意图和管理思路，确保数智化转型战略在执行层面与顶层设计保持一致，助力企业转型目标的高效实现。

协同企业高层管理团队成员构建数智化转型战略。作为智囊团的核心成员，数字化部门一把手还需承担"战略传播"的职责：在高管团队中进行战略的解码与规划，向其他高管阐明数智化的价值与意义，努力推动达成共识。在此过程中，数字化部门一把手必须建立高度的"管理信任"，通过展示专业的数智化领导力、具有前瞻性的认知以及敢于创新和执行的态度，赢得其他高管的支持。

赋能并支持业务部门一把手。数字化部门一把手需要赋能并支持业务部门一把手，为他们创造良好的氛围和转型条件，推动企业整体的数智化转型进程。在认知层面，通过持续的沟通来建立对数智化转型的认同感，确保业务部门一把手围绕共同的转型目标协同努力。在实践层面，鼓励业务部门一把手积极探索数智化，为他们提供试错空间，并给予充足的资源和人力支持，以激发创新力和执行力。此外，在绩效评定方面给予相应激励，以进一步增强他们的积极性和责任感，加速数智化转型的落地和推进。

3. 推动数智化转型工作

推动数智化转型工作是数字化部门一把手的核心职责，必须依据企业的特定需求，发挥个人能力。本书以中国一汽为例，阐述数字化部门一把手所采取的措施和策略，旨在为其他企业提供借鉴。

建立业务和 IT 一体化战队。为推动数智化转型、解决业务部门与 IT 部门"两层皮"现象，数字化部门一把手统筹并建立了业务和 IT 一体化战队。战队由业务人员和 IT 人员构成。这种跨职能的组合能够有效消除传统壁垒，促进双方人员的紧密协作，实现业务需求和技术实现的高效融合。此外，数字化部门一把手要求领导干部加入战队，全面强化战队管理，确保转型项目能够快速突破、敏捷迭代并最终成功落地。

构建数智化能力。数字化部门一把手全力推动自主可控的数智化能力的构建，为中国一汽的数智化转型提供"源头活水"。他以数智化培训为抓手，按照敏捷开发队形和职级培养人才，有针对性地提升组织成员的素养和能力；同时，依托 T 序列人员能力体系、数据驱动的能力评价与绩效管理机制，为能力构建提供引导和激励。截至 2024 年，中国一汽累计编写了 13701 万行代码，并成功打造了 IT 工作体系、云原生架构、一汽云工作台以及"云妹"等重点项目。

主持总监会。为有效推动数智化转型，中国一汽创新性地设立了总监会，由数字化部门一把手主持，业务部门一把手（二级业务部门负责人，属于中层管理者）定期汇报工作进展。数字化部门一把手明确提出汇报要求，重点聚焦对数智化工作台的全面认知，包括基于数据价值的上下游协同、基于模型的自动化操作、基于灯塔指标的业务运营、基于角色的员工使用状态。在汇报过程中，数字化部门一把手通过有针对性地提问、点评、打分以及提出改进建议，帮助业务部门一把手更好地理解数智化转型的核心要求。此举驱动了业务变革，有效改变了中层管理者的认知与思维模式，提升了沟通与协作效率；同时，推动技术研发和系统建设更贴合实际业务需求，为数智化转型提供了更坚实的支持。

3.3　业务部门一把手掌舵

在中国一汽数智化转型过程中，位于变革前线，能够"听得见炮火"的业务部门一把手的参与不可或缺。在领导部门转型的过程中，他们不仅要仰望星空，贯彻并拆解集团的战略，还要脚踏实地，结合部门实际，有针对性地实施转型。实质上，他们承担着部门的业务负责人、技术落地负责人、部门能力构建者等多重关键角色，打通了转型的"最后一公里"。

3.3.1　舵手文化

推行舵手文化能够增强业务部门一把手的使命感，促使他们在数智化转型过程中展现出"勇于担当，敢于实战"的精神，提升参与度与执行力，全面引领部门开展数智化转型。好的舵手文化还需持续提升业务部门一把手的领导能力，让他们不仅"想干事""能干事"，更能"干成事"，确保转型的顺利进行。具体可从以下五个方面着手：

第一，坚定数智化信念，做部门领航人。业务部门一把手要积极响应企业一把手的号召，主动拥抱数智化转型，树立坚定的数智化信念，将推动部门数智化转型视为自身的重要使命。在这一过程中，业务部门一把手应全面理解和贯彻企业数智化转型战略，结合部门实际情况拆解战略，制订具体实施方案，做部门数智化转型的开路先锋，引导团队成员参与数智化转型。

第二，培养数智化思维，提升领导能力。业务部门一把手需要有持续学习的意识，随时保持"饥饿感"和紧迫感，不断更新认知和能力水平，要知道坚守的是什么、管理的本质是什么、数智化转型要做什么、数智化转型应该怎么做。只有这样，他们才能具备带领团队顺利完成数智化转型各项任务的领导能力。

第三，设定有挑战性的目标，激发转型潜力。设定有挑战性的目标有助于激发业务部门一把手自身和团队成员的斗志与潜力。在领导部门数智化转型的过程中，业务部门一把手要敢于选择正确但充满挑战的道路——以长远的发展愿景为指引，设立并追求看似"不可能"的目标。他们还要通过实际行动完成这些目标，具备非凡的决心和毅力，带领团队攻坚克难。

第四，身先士卒，冲锋在前。业务部门一把手要冲锋在一线，将"身影留在现场"。具体而言，他们需要亲自参与梳理和优化部门业务流程，推动数智化转型的探索与实践，特别是通过引导并参与核心试点项目，直接解决转型过程中遇到的难点和痛点。通过参与核心试点项目，他们不仅能够积累宝贵的经验，还有可能成为转型的标杆，增强部门成员的信心，为后续的全面推广奠定坚实的基础。

第五，提供充足保障，确保转型落地。业务部门一把手需要有为组织成员赋能的意识。一方面，作为部门能力构建者，他们应积极提升团队成员的认知和能力水平，帮助成员理解转型的必要性和价值，解除成员的困惑；另一方面，作为转型实践的护航者，他们不仅要提供必要的技术和资金支持，帮助成员广泛开展转型创新试验，还需要在遇到困难和挑战时，给予成员充分的支持和指导，帮助成员找到解决问题的方案，确保数智化转型顺利落地。

3.3.2　作为部门的业务负责人

业务部门一把手熟悉部门内部的业务流程，能够站在业务的视角思考，并且能够最直接地影响部门成员，因此，在吃透企业的数智化转型战略后，他们应该根据部门的业务情境，对企业的战略进行拆解；开展本部门的业务规划设计；梳理部门内部的转型业务单元；有针对性地协调部门成员负责具体的实施；亲自领导部门业务的转型升级，创造数智化的新价值。特别需要强调的是，业务部门一把手还需要具备系统性思维，不仅要关注本部门的业务需求，还要主动协同企业及其他部门的转型工作，促进数智化转型全面开花。

3.3.3　作为技术落地负责人

数字技术是推动部门转型的核心工具和关键手段。业务部门一把手需要从传统的沟通、协调角色逐步转型为具备专业技术素养的领导者。为此，他们需要深入学习和掌握数字技术，充分理解数据与业务之间的逻辑联系，推动业务战略与数智化深度融合，确保技术手段真正为业务目标服务。此外，业务部门一把手需发挥桥梁作用，有效协同业务和 IT 一体化战队，形成利益共同体和责任共同体；主动将部门内的业务场景打造为技术创新的试验田，在实践中积累经验与资源。这不仅能够提升部门内部的数智化能力，还能为企业整体的数智化转型提供可复制的经验和可借鉴的模式，助力企业高效转型。

3.3.4 作为部门能力构建者

在数智化转型过程中，业务部门一把手作为关键的部门能力构建者，必须积极推动部门内的数智化学习，全面提升部门的数智化能力。其一，他们需要深入洞察数智化转型的核心要义，明确自身管理的关键点，具备处理复杂转型问题的能力，确保在转型中做出正确决策。其二，业务部门一把手应大力倡导并实施部门内的全员培训，重视员工认知和能力水平的提升，确保部门数智化能力建设目标的达成。为此，他们需要落实高层制定的能力认证评估和勋章激励机制，在部门内部形成规范的晋升激励体系；根据不同岗位和职级为部门成员量身定制培训方案，以增强培训实效；最终，实现部门整体能力水平的显著提升和人员结构的优化。

3.4 本章小结

首先，本章强调了企业一把手在数智化转型中躬身入局的重要性；介绍了企业一把手成功领导数智化转型所需的特质，包括热爱学习、亲自下场作战、坚持长期主义和具有强大的数据思维能力；企业一把手领导数智化转型的核心行为包括战略引领、激活组织、提供支持、推动学习和管理过程（3.1节）。

其次，本章强调了数字化部门一把手在数智化转型中承上启下的重要作用；详细介绍了数字化部门一把手需要具备的特质，包括拥有领先的转型理念、拥有强大的技术领导力、始终保持创新和探索精神、具备协调能力；以及这一关键角色如何通过构思数智化转型、助力其他领导角色、推动数智化转型工作，来成功领导数智化转型产生成效（3.2 节）。

最后，本章强调了业务部门一把手需要在数智化转型中践行舵手文化，尤其是要扮演具有复合背景的领导角色，担当部门的业务负责人、技术落地负责人和部门能力构建者（3.3 节）。

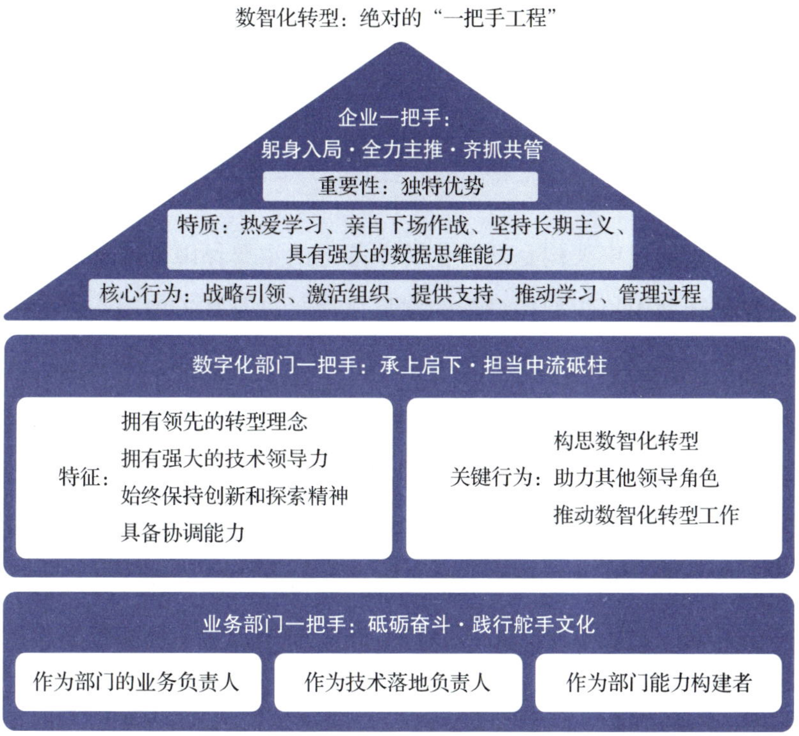

数智化转型：绝对的"一把手工程"

企业一把手：
躬身入局・全力主推・齐抓共管
重要性：独特优势
特质：热爱学习、亲自下场作战、坚持长期主义、具有强大的数据思维能力
核心行为：战略引领、激活组织、提供支持、推动学习、管理过程

数字化部门一把手：承上启下・担当中流砥柱

| 特征 | 拥有领先的转型理念
拥有强大的技术领导力
始终保持创新和探索精神
具备协调能力 | 关键行为 | 构思数智化转型
助力其他领导角色
推动数智化转型工作 |

业务部门一把手：砥砺奋斗・践行舵手文化

| 作为部门的业务负责人 | 作为技术落地负责人 | 作为部门能力构建者 |

图 3-1　企业一把手领导力的总结框架

| 第4章 |

组织架构：横纵一体化

合适的组织架构是数智化转型落地的重要保障。本章将介绍数智化转型中组织架构设置的常见挑战，以及基于中国一汽的最佳实践总结出的应对举措——横纵一体化组织架构（见图4-1）。横向上，设置业务和IT一体化战队（简称"战队"），由体系数字化部抽调的IT人员和业务部门抽调的业务人员共同组成。其中，业务部门自建由业务人员组成的数字化团队，并将其长期派驻战队。体系数字化部作为综合总体组，统筹各战队和业务部门的转型。纵向上，设置跨层汇报结构，在企业一把手、体系数字化部一把手和业务部门一把手、战队长等纵向管理层级之间形成上传下达的通路。

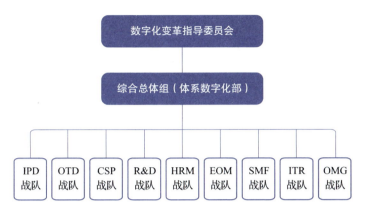

注释：

1. 数字化变革指导委员会为周例会，该委员会负责管理数智化转型过程中的具体事项。

2. 各战队的名称如下：

IPD（Integrated Product Development，集成产品开发）

OTD（Order To Delivery，从订单到交付）

CSP（Customer Service Platform，客户服务平台）

R&D（Research and Development，研发）

HRM（Human Resources Management，人力资源管理）

EOM（Enterprise Operation Management，企业运营管理，重在从财务角度赋能企业运营）

SMF（Smart Manufacture Factory，智能制造工厂）

ITR（Issue to Resolved，从问题到解决）

OMG（Operation Management Group，运营管理小组）

图 4-1　中国一汽数智化转型的组织架构

4.1　常见挑战

数智化转型中，组织架构设置的常见挑战包括：业务部门参与不足，业务部门与数字化部门（或 IT 部门）[⊖]"两层皮"，数字化部门缺乏话语权，以及上传下达不畅。

第一，业务部门参与不足。业务部门受以往信息化建设分工的影响，认为数字化相关的职责属于数字化部门，而非业务部门；或是认为自己缺乏数字技术相关的经验和知识，没有能力参与；抑或是认为自己已经被日常工作任务占满，没有时间和精力投入转型。这种情况下，业务部门在转型中仅仅负责提出需求，而需求实现的工作（例如规划转型方案和开发 IT 系统）全部由数字化部门承担。与大多数企业一样，中国一汽也曾面临业务部门参与不足的问题：原来业务部门和数字化部门的合作模式叫作"交钥匙工程"，业务部门最开始提一个想法和需求，然后交给数字化部门，数字化部门提供"保姆式"服务，业务部门从提出需求到最终使用，这中间的过程是很少参与的。然而，数智化转型的本质是业务重构，业务部门参与不足会极大地阻碍转型的有效开展。

第二，业务部门与数字化部门"两层皮"。首要原因是，业务部门与数字化部门存在天然的知识壁垒。业务部门缺乏技术知识；数字化部门缺乏业务知识，对业务一线缺乏准确、及时和全面的了解。此外，业务部门与数字化部门在协作过程中容易出现信息衰减和偏差：业务部门向数字化部门传达业务需求和领域知识时表述不清；数字化部门对业务需求和知识理解不得当；数字化部门交付数智化产品与应用时，业务需求已经变化。这导致数

⊖ 在企业数智化转型中，有些企业沿用传统信息化建设中使用的"IT 部门"这个称谓，有些企业采用"数字化部门"这个称谓。本书统一采用"数字化部门"这一名称。

字化部门盲目地按自身理解导入技术，难以真正创造业务价值。这导致数智化转型停留在技术层面，未触及业务的深层变革，犹如"给毛毛虫插上翅膀"，外在形态变化了，但内核未变，难以实现真正意义上的"破茧成蝶"。

第三，数字化部门缺乏话语权。在很多企业中，数字化部门与业务部门并非平级关系，其话语权和影响力均小于业务部门。数字化部门处于弱势，很难有效推动业务部门转型。例如，数字化部门未能唤起业务部门的转型意愿，它提出的转型方法论常常得不到业务部门的支持和配合，开发上线的 IT 系统也常常受到业务部门的抵制。结果是，数字化部门陷入责任重但权力小的困境，心有余而力不足，难以推进企业的数智化转型。

第四，上传下达不畅。很多企业的数智化转型虽然是"一把手挂帅"，但逐层贯彻的效果不佳。究其原因，除了一把手仅"挂帅"却不"参战"外，还包括缺乏上下贯通的组织架构来推动转型，这导致管理层的战略目标和规划无法得到层层贯彻和落实，最终转型规划和执行脱节。

为克服上述挑战，企业亟须调整组织架构，保障数智化转型的落地。

4.2　横向一体化：业务和 IT 一体化战队

针对业务部门参与不足和业务部门与数字化部门"两层皮"的问题，企业可以分别从业务部门和数字化部门抽调业务人员和

IT人员，组建高效协同、相互赋能、深度融合、荣辱与共的"业务和IT一体化战队"。

战队的数量上，企业可以根据不同业务领域灵活设置。例如，中国一汽围绕关键业务领域，建立了9支业务和IT一体化战队：IPD、OTD、CSP、R&D、HRM、EOM、SMF、ITR和OMG战队。通过建立多支战队，企业可以牵动业务领域实施转型，满足各领域差异化的转型需求。

战队的领导机制上，实行业务战队长和IT战队长"双战队长"制，以促进业务部门和数字化部门在转型过程中责任共担。其中，业务战队长由业务部门的中高层管理者担任，这样可以赋予战队更大的话语权和影响力，解决转型过程中员工抵制和利益冲突等问题，确保战队能够充分推动业务部门参与和开展转型。

战队成员的选拔上，进入战队的业务人员需具备管理权威或变革精神。具备管理权威是指这些业务人员在原业务部门至少担任过中层管理者，以确保战队在推进业务部门转型时拥有话语权。例如，中国一汽的HRM战队纳入了人力部的7个业务总监。具备变革精神是指这些业务人员能够拥抱数智化转型，具有创新意愿以及学习数字技术的动力和能力。如果没有变革精神，这些业务人员即使进入一体化战队，也难以主动与IT人员融合，不能有效开展转型工作。需要说明的是，进入战队的业务人员不需要同时具备管理权威和变革精神，有其一即可。例如，一些年轻的业务人员虽然资历浅，职级不高，但富有创新精神和学习动力，是推动组织转型的潜力股。

战队的运行机制上，并非简单地将业务人员和IT人员组合在一起，而是将分工、知识、考评、语言和空间等方面深度融合，解决业务部门和数字化部门"两层皮"的问题，并促使业务人员深度参与，与 IT 人员同心协力，推进数智化转型。根据中国一汽的最佳实践，一体化战队可以采取分工融合、知识融合、联合考评、共用一套语言和空间区位融合等运行机制（见图 4-2），具体介绍如下。

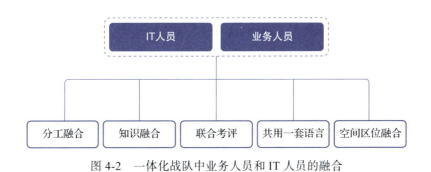

图 4-2　一体化战队中业务人员和 IT 人员的融合

4.2.1　分工融合

将传统的交付式分工转变为共创共担式分工。在传统的交付式分工模式中，业务人员参与不足，且 IT 人员对业务需求和领域知识缺乏深入理解，往往导致业务需求与数智化解决方案脱节。中国一汽打破了这种传统模式，通过打造业务和 IT 一体化战队，形成了业务人员和 IT 人员共同推进转型中每个环节的共创共担式分工模式。该模式模糊了业务人员和 IT 人员的界限，例如 R&D 战队的业务人员意识到："原先我们与数字化部门之间联系不多，提完需求他们就做。现在都是共创的，每天在一起讨论细节，这样提出的解决方案更可行。我们不再仅仅是提出需求的'甲方'，而是承担了业务架构师、产品经理、项目经理、数据管家等新角色。"

第一，联合规划与设计。战队中的业务人员和IT人员共同参与5A架构的规划与设计。业务人员作为业务架构师和数据管家，侧重于规划业务架构和信息架构；IT人员规划相应的应用架构、技术架构和安全架构。对于数字产品（包括企业内部使用的IT系统和AI大模型，以及面向外部用户的App等）的规划与设计，实施业务与IT"双产品经理"制。业务部门也设置数字产品经理，参与数字产品的功能清单梳理和原型设计，而非完全依赖IT人员。这一机制确保了双方人员规划和设计出的产品契合真实业务场景。

正如OTD战队所描述的："业务人员（尤其是管理层）必须具备所负责领域的架构的设计能力，必须具备产品理念，而非像以前那样，仅提一个需求、说一句话就完了，剩下的完全交给IT人员做。IT人员并不精通业务，业务人员必须自主转型，而非'事不关己，高高挂起'。现在战队内的业务人员，已经能够自己绘制数字产品的原型，甚至可以自己编写数据模型。只有业务人员深度参与进来，履行自己的职责，才能从根本上解决业务部门和数字化部门'两层皮'的问题。"

第二，联合推动落地。在数字产品的开发阶段，IT人员是主力，但需要加强与业务人员的协同配合，充分听取业务人员的意见，共同开展测试。数字产品上线后同样如此，业务人员在使用数字产品的过程中要随时向IT人员反馈改进建议。在数字产品的运营阶段，业务人员负责开展数据分析，并基于此优化业务；IT人员则负责运维和保障、迭代数字产品。

4.2.2　知识融合

知识融合是指业务人员学习数字化知识，IT 人员学习业务知识，实现业务与技术知识的双向融合与互补。对业务人员而言，他们需要参加数字化培训，并通过与 IT 人员的合作交流来构建自己的软件开发能力（5.3.3 小节）。

对于 IT 人员，他们需要掌握业务知识，理解业务状况、需求和痛点等。为此，中国一汽强调 IT 人员要主动向业务人员学习，在与业务人员的密切沟通和共同实践中吸收业务知识，增强业务洞察能力。

4.2.3　联合考评

企业可以采取联合考评的机制，确保业务人员和 IT 人员的目标一致、考评一致、责任共担，形成利益共同体。在中国一汽的业务和 IT 一体化战队中，无论业务人员还是 IT 人员，都遵循相同的考评指标体系。联合考评的具体指标包括业务梳理、业务上线和业务单元运营等。业务梳理是指清晰准确地呈现真实的业务流程；业务上线是指通过业务架构和业务单元实现业务流程的数字孪生；业务单元运营要基于数据来提升业务效能。每项指标的达成都需要业务人员与 IT 人员双方的共同参与和密切配合。

采用联合考评机制，各方为达成共同目标，不仅要努力完成自身任务，也要积极配合对方的工作。这一机制促使双方主动沟通与协作，有效解决了互相推诿的问题。

4.2.4　共用一套语言

共用一套语言是指业务人员和IT人员使用相同的术语和词语来表达对数智化转型的理解、讨论转型方法论。在很多企业中，业务人员与IT人员由于知识背景不同，双方容易各说各话，缺乏有效交流。如果双方难以理解彼此的表述，不仅合作效率低下，还容易引发误解，甚至导致错误决策。因此，使用共同语言，构建顺畅的沟通机制至关重要，这有助于消除认知隔阂、促进相互理解，为协同工作奠定基础。

在中国一汽，"企业架构""业务单元"等术语就是统一语言的典型实例，帮助业务人员和IT人员建立了共同交流的语言基础。此外，中国一汽在内部推广了数智化转型的"金句"，例如"始于架构、终于架构"，"数数、分类、定标准"，"管理企业架构是数字化转型的核心"，"数字化转型是一场全方位、全要素的革命性变革"，"数字化是门槛"，"数字化不是工具的变革，而是变革的工具"，"数字化转型没有捷径"，"做工时计划就是在做能力预算"。这些金句被高管频繁引用，大家耳熟能详。

4.2.5　空间区位融合

战队内部的业务人员和IT人员在同一区域集中办公，共同开展工作。例如，中国一汽每个战队的IT战队长都长期驻扎在业务现场，正如体系数字化部总经理所说："IT战队长要去业务现场办公，定期去现场开研讨会，收集并解决转型过程中的实际问题，梳理车间各类设备的运营数据，与一线业务人员研讨产品使用体验、数据采集手段等方面的场景需求，挖掘业务改善机会，并组织开发团队持续优化和完善产品功能。"这种物理空间上的靠近，促进了双方直接沟通，降低了沟通的时间成本。

4.2.6　战队间及战队与部门的融合

除了战队内部人员的融合外，战队之间的协作机制同样重要。在中国一汽，每个战队都会设置对接其他战队的专员，作为战队之间的沟通桥梁。例如，EOM 战队设置了分别针对 IPD 战队、OTD 战队和 CSP 战队的专员，推动财务管理深度嵌入研发、制造和销售等业务流程，实现精细化、实时化的业财一体化协同。

战队和业务部门之间也需要保持密切协作。在中国一汽，业务部门会派驻团队到战队（4.4 节），搭建起战队和业务部门之间沟通协作的桥梁。此外，战队与相关业务部门还实行联合考评，每个业务部门的部分薪酬与数智化转型成效挂钩。例如，OTD 战队与生产物流部、供应链部、质保部、工程部等业务部门形成了利益共同体，共同推进转型目标的实现。

此外，战队需要同时向业务部门和数字化部门领导汇报，这样可以促进战队、业务部门、数字化部门三者之间的沟通和融合。向业务部门领导汇报时，战队侧重于汇报业务梳理和业务运营情况，例如根据数据评估业务成效，并发掘优化机会。向数字化部门领导汇报时，战队侧重于汇报数字产品的功能设计和开发上线。这种双向汇报机制促进了战队与部门间的沟通，避免了信息不对称。

4.3　综合总体组：数字化部门统筹推进

相比于分布式、在各自领域开展转型的业务和 IT 一体化战队，数字化部门扮演着综合总体组的角色，负责统筹协调各战队和业务部门开展数智化转型。中国一汽的体系数字化部采取统一方法论、赋能业务部门转型、以业务变革为导向等举措，统筹推进各战队的转型。保障这些举措得到有效实施的关键前提是，体系数字化部拥有对战队和业务部门的考评权和话语权。

4.3.1　统一方法论

数字化部门牵头制定统一的数智化转型方法，为所有战队和业务部门提供一致的业务重构方法论和技术方法论，确保各方在转型过程中遵循相同原则，不仅为各方提供了清晰的指南，还能确保各方在转型过程中步调一致和高效协同。

统一业务重构方法论：中国一汽体系数字化部制定了以一套以企业架构为顶层设计、以业务单元为最小管理对象、以业务单元运营驱动业务增长的业务重构方法论（详见本书第 6 ～ 8 章）。为帮助各战队和业务部门掌握并实施这一方法论，体系数字化部编制了专门的工作手册，并在集团内部进行广泛宣传和培训。

　　统一技术方法论：许多企业存在不同部门多头开发的情况，导致系统五花八门且互不兼容，严重阻碍了转型。对此，中国一汽的体系数字化部组织各战队共同研讨，明确了最适合中国一汽、最具长远价值的技术选型，包括云原生平台、数据治理基本法、基于角色的云工作台等（详见"技术平台篇"）。统一的技术选型避免了多头开发和不兼容的问题，保障了数据治理和业务重构的可持续性。此外，体系数字化部强调，各战队需遵循敏捷开发、持续优化和自主等技术开发原则，确保步调一致、齐头并进，推动转型顺利实施。

4.3.2　赋能业务部门转型

　　数字化部门的职能需要从单纯的"交付"重新定位为"赋能"。中国一汽的体系数字化部正是如此，从交付数字产品和服务逐步转向赋能业务部门自主转型；从自己闷头干到带动业务部门自己干，让最懂业务的部门主导业务重构。这一转变主要是通过培育能力和提供工具这两项举措来实现。

　　培育能力是指建立针对业务部门的转型能力模型，组织相关培训课程，并建立能力等级认证评价体系，着力推动业务部门提升数智化能力（详见第 5 章），使业务部门能够自主转型。

　　提供工具是指为业务部门提供可复用、可共享、可迭代的技术平台和工具，将复杂的技术任务进行简化。例如，中国一汽的体系数字化部开发 EAMAP（Enterprise Architecture Map，业务架构管理平台，详见 7.2.3 小节），供各战队调用，帮助业务部门建设业务架构和业务单元；同时，提供 AI-Code 工具（13.3.2 小节），利用 AI 自动生成代码，显著缩短了开发时间、降低了开发难度。

4.3.3　以业务变革为导向

基于业务思维（2.1.1 小节），数字化部门需要以业务变革为导向，而非仅仅简单地进行技术导入。这是因为转型的核心目的是推动业务变革，技术只是实现转型的工具和手段。中国一汽体系数字化部总经理强调："体系数字化部要追求给业务带来极致价值，给用户带来极致体验，围绕价值创造、降本增效、用户体验设计数字化产品。"这一理念确保了数字化部门和业务部门的关注点一致，有效解决了"两层皮"的问题，有助于真正实现数智化转型。

为了贯彻业务思维，数字化部门首先需要明确自己面向的用户是谁，了解用户的业务变革需求，以及思考如何为用户创造价值。例如，中国一汽体系数字化部针对生产物流部进行业务场景解构，识别业务变革要素，创新性地提出"极简物流"方案。该方案基于 N+10 物料订单计算逻辑，通过一单到底消除供应商和工厂计划的信息差，通过模型驱动使物流设计周期明显缩短；按照"一键生成、所见即所得"的生产云工作台建设理念，搭建物流规划和物流运营工作台，形成数据驱动的规划、运营、管理大闭环，极大降低了物流成本。此外，围绕极致交期、极致体验，以用户为中心，以订单交付为主线，拉通销售计划、生产计划、物料筹措、生产运控和整车物流全过程，构建"产供销运一体化"协同平台，保交付、控库存、缩交期，建设面向客户的订单交付模式，基于数据正向优化订单交付全链条，控制整车库存，降低单车成本，实现整车订单 3 秒内锁定交期，订单交付全链路透明，可配置订单交期由 42 天缩短至 17 天以内，提升客户体验。

通过这种方式，数字化部门能够从实际业务需求出发，确保设计和开发的产品可以真正解决用户问题，带来实际价值。

4.3.4　拥有考评权和话语权

数字化部门采取上述举措的一个关键前提是具有考评权和话语权，能够影响战队和业务部门。大多数企业的数字化部门在企业内部的话语权较小，甚至还会受到业务部门的考核评价。数字化部门任务繁重但权力较小，而业务部门权力较大但任务较轻。这就导致数字化部门即使万分努力也难以推动转型，业务部门参与度低，严重阻碍了转型的落地。因此，数字化部门需要具备考评权和话语权，以提高其对战队和业务部门的影响力。

在中国一汽，体系数字化部在集团内部拥有很大的权力，而且能反向考评业务部门。具体而言，体系数字化部总经理兼任红旗运营委员会副总裁，直接向集团董事长汇报。体系数字化部作为综合总体组，负责组织和运营由集团高管参与的变革指导委员会周例会。更为关键的是，体系数字化部掌握着对业务和 IT 一体化战队和业务部门的部分考评权，考评结果直接与薪酬挂钩。例如，体系数字化部会对各战队和业务部门的转型推进情况进行排名；对战队梳理的业务架构和业务单元进行评审，若发现问题，会要求相关方改进后再上线；对业务部门的系统使用情况进行考核。通过这种反向考评机制，体系数字化部在业务部门和战队中建立了强大的影响力，能够有效推动数智化转型。

4.4 业务即 IT：业务部门自建数字化团队

尽管战队模式促进了业务部门与数字化部门的协作转型，但业务部门仍然在一定程度上依赖数字化部门。鉴于数智化转型的本质在于业务重构，业务部门需要逐步降低对数字化部门的依赖，最终能够独立开展数智化工作。因此，中国一汽认为，业务和 IT 一体化战队（见图 4-3）只是支撑企业数智化转型的中间模式，并非最终模式。

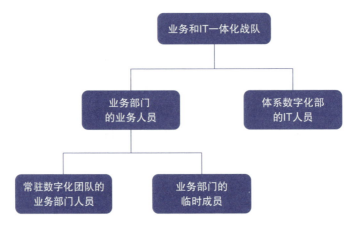

图 4-3 中国一汽的业务和 IT 一体化战队的构成

随着业务部门数智化能力的提升，战队模式将升级为"业务即 IT"模式：业务部门能够独立承担传统上由数字化部门负责的软件开发和算法编程等工作，实现人人都是数据挖掘者和模型构建者。这样，业务部门与数字化部门之间的界限将逐渐消失，业务部门本身也是数字化部门。

然而，传统企业在数智化方面的基础相对薄弱，完全做到"业务即 IT"尚有较大难度。因此，企业可以采取"战队 + 业务即 IT"并存的过渡模式，即业务部门建立自己的数字化团队，并将该团队派驻到战队。通过这种方式，业务部门可以逐步积累自身的数智化能力，直到不再需要战队模式，实现"业务即 IT"。以下将介绍"战队 + 业务即 IT"并存的过渡模式。

例如，研发、采购和营销等业务部门都建立了自己的数字化团队，逐步做到根据自身需求自行设计数字产品、开展数据治理、开发软件和算法等。业务部门的数字化团队作为业务和 IT 一体化战队的常驻成员，是数字化部门与业务部门之间的桥梁和纽带。但是，战队中的业务人员除了来自业务部门的数字化团队，还来自其他二级业务部门。前者作为战队的常驻成员，专职推动转型工作；后者根据特定需求加入战队，是临时成员，兼顾转型工作。需要强调的是，业务部门的数字化团队需要在业务部门内拥有较大的权力，例如负责业务部门的预算分配、编制分配和考评等关键环节，这样才能够推动业务部门的转型。

业务部门的数字化团队可以设立专门的数据管理团队，因为数据是数智化转型的核心生产要素。中国一汽的数据管理团队由"领域数据负责人—数据管家—数据管理专员"组成（10.3.3 小节）。其中，业务领域负责人由业务部门一把手担任，负责统筹所辖领域的数据管理体系建设和优化；数据管家由业务领域负责人指派，是各单位数据治理的策划者和协调者；数据管理专员是各单位数据工作的执行者，包括发布数据标准、构建数据模型、治理指标数据、开展数字化运营等。这种模式不仅明确了数据管理的责任归属——由业务部门负责，而非数字化部门，还显著提升了业务人员数据管理的责任感和主动性，有效推动了数智化转型的深入开展。

4.5 纵向一体化：跨层汇报结构

针对上传下达不畅的问题，企业可以建立跨层汇报结构，在各管理层级之间形成上传下达和下情上报的纵向通路。中国一汽的跨层汇报结构如图 4-4 所示。

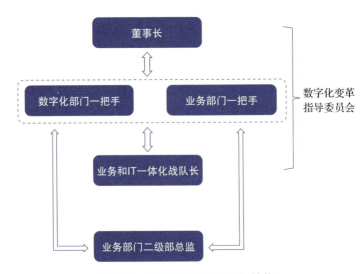

图 4-4 中国一汽的跨层汇报结构

　　数字化部门一把手和业务部门一把手直接向董事长汇报。这一汇报机制至关重要，特别是业务部门一把手需要亲自向董事长汇报，因为数智化转型的核心目的是推动业务变革，业务部门是转型真正的责任主体，而且数智化转型是"一把手工程"，如果业务部门一把手不亲自抓，转型将难以落地。在这种汇报机制下，业务部门一把手必须深度掌握转型的方法论、数字技术和业务的结合点，否则在向董事长汇报时根本讲不清、道不明，更难以应对董事长的犀利提问。需要说明的是，在业务部门一把手向董事长汇报的过程中，战队长也参与其中，以便把握当前转型的重点并贯彻落实。但是，汇报主体仍然是业务部门一把手，而非战队长，此举旨在促进业务部门一把手亲自推动部门的转型。在中国一汽，董事长、数字化部门一把手、业务部门一把手和战队长共同构成了数字化变革指导委员会，以周例会为运行机制，自上而下地推进企业整体的转型。

　　业务和 IT 一体化战队长向数字化部门一把手和业务部门一把手汇报。这种汇报结构至少具有以下三方面作用：其一，确保转型方法论和举措能够落实到各战队；其二，战队长可以通过这一结构向上争取支持，解决转型过程中遇到的阻力；其三，战队长向数字化部门一把手和业务部门一把手汇报，也促进了业务部门与数字化部门的紧密融合，可以使跨部门协作更加顺畅。

　　业务部门二级部总监不仅要向业务部门一把手汇报，还要向数字化部门一把手汇报。中国一汽在贯彻转型的过程中发现，即便数字化部门一把手、业务部门一把手以及战队长已经能够理解、拥抱和推动转型，但是在向下落地的过程中，业务部门的一些二级部总监的认知和行为仍未得到充分扭转，未能将转型落实到业务一线。为了增强这些总监的转型动力和能力，中国一汽建立了业务部门二级部总监每周向数字化部门一把手和业务部门一把手汇报的机制，并根据每周汇报打分、排名，督促业务总监紧跟企业转型的步伐，有效推动转型的落地。

4.6　本章小结

本章介绍了企业在数智化转型中组织架构设置的常见挑战（4.1节），以及从中国一汽的最佳实践中总结出的应对举措（见图4-5）。

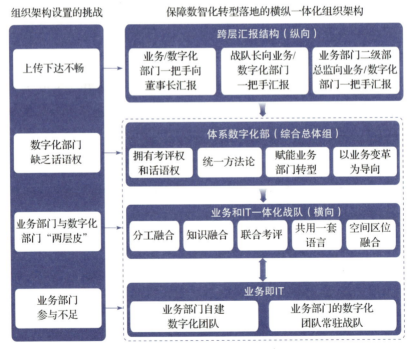

图 4-5　中国一汽数智化转型中组织架构设置的挑战与应对

对于业务部门与数字化部门"两层皮"的挑战，企业的业务部门和数字化部门可以联合成立业务和 IT 一体化战队，通过分工融合、知识融合、联合考评、共用一套语言和空间区位融合等运行机制，打破部门之间的壁垒，使双方融为一体，同心协力开展转型（4.2 节）。

对于数字化部门缺乏话语权、难以有效推动组织转型的挑战，企业需要赋予数字化部门考评权和话语权，在此基础上，数字化部门能够更有效地统一方法论、赋能业务部门转型并统筹各战队以业务变革为导向开展转型（4.3 节）。

对于业务部门参与不足的挑战，业务部门可以自建数字化团队并常驻战队，同时业务部门其他成员可以根据转型动态作为临时成员加入战队。业务部门不断提升其数智化能力，最终实现"业务即 IT"（4.4 节）。

对于上传下达不畅的挑战，企业可以在董事长、数字化部门一把手、业务部门一把手以及业务部门二级部总监等不同管理层之间设置跨层汇报结构，促进上传下达、下情上报、齐力转型（4.5 节）。

通过上述举措，企业能够有力搭建横纵一体化的组织架构，保证上下一心，一体推进数智化转型。

第 5 章

能力构建：人员能力是转型的根本保障

人员的数智化能力是数智化转型的根本保障。本章将详细介绍企业普遍存在的数智化能力体系建设问题和基于中国一汽的最佳实践总结出的应对措施。数智化能力体系建设包括能力设计、能力培育、能力评价与迭代三个步骤。能力设计是指明确数智化转型要求人员需要具备的能力；能力培育是指通过组织学习弥补当前能力与目标能力之间的差距；能力评价与迭代是指针对能力培育效果进行验证和量化评价，以此激励全员持续迭代，为数智化转型提供根本保障。

5.1 数智化转型首先是人的转型

数智化转型不仅是一场技术革新，更是深刻的组织变革，首先在于人的转型。

员工的数智化能力建设是数智化转型成功的关键。无论是 TOGAF 架构的应用，还是 AI 大模型的引入，如果仅关注技术工具本身，而忽视员工数智化能力的提升，这些工具可能都难以发挥其应有的价值，甚至沦为空有其表的"装饰品"。只有当员工具备应用技术工具的数智化能力，才能真正释放技术潜力。值得注意的是，数智化能力的建设不仅仅是针对 IT 人员，业务人员也同样需要提升相关能力。相比于 IT 人员，业务人员更了解企业的核心业务和客户需求，能够更有效地将数字技术融入具体业务场景，提高工作效率和客户满意度。因此，企业应将业务人员视为数智化转型的主力军，重点培养业务人员的数智化能力。

传统企业人员的数智化能力普遍相对薄弱。以中国一汽为例，其转型前的能力体系存在显著短板。在自身缺乏能力的情况下，中国一汽对外部供应商形成高度依赖，不仅将开发工作外包，还将业务规范、产品设计、架构设计、项目管控等涵盖 IT 项目全生命周期的关键任务交由 IT 供应商负责。这种外包模式进一步削弱了中国一汽的自主能力，导致其 IT 人员的自主开发能力较弱，对技术工具的掌握和应用专业化程度不足，在数智化转型过程中更加被动。同时，业务人员由于缺乏 IT 知识，难以精准向 IT 供应商表达业务需求，也难以顺畅运用技术工具，不得不高度依赖于 IT 供应商。这种依赖不仅限制了员工的成长与能力提升，还削弱了中国一汽在数智化转型中的自主性和灵活性，与"自主可控"的发展目标背道而驰。

为了成功落地数智化转型，中国一汽需要建设并维系合理、健康的数智化能力体系，逐步实现核心能力的自主性。实现这一目标需要建立科学的人才架构，整体上可分为三个部分：顶层管控团队、核心产品团队、非核心项目中的外包团队（见图 5-1）。

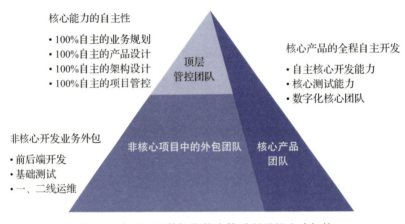

图 5-1　中国一汽数智化能力体系所需的人才架构

顶层管控团队负责业务规划、产品设计、架构设计、项目管控等工作，通过构建 100% 自主能力，确保有效控制系统架构，并保障数据安全。

核心产品团队专注于核心产品的全程自主开发，旨在实现产品的快速迭代，以适应不断变化的业务发展需求，并有效地将软件开发与市场需求对接。该团队需构建自主核心开发能力，不仅仅是编写代码，更要从传统的瀑布式开发向敏捷开发转型，主导研发体系建设。同时，该团队还需建立并掌握核心测试能力，以制定高质量的测试标准与管理体系。这一团队的关键是打造一支数字化核心团队，确保能够快速响应业务的增长与变化。

非核心项目中的外包团队负责非核心开发业务，包括前后端开发、基础测试，和一、二线运维等工作，保障系统的稳定运行。

综上，人员数智化能力体系的目标旨在提升企业内部员工的数智化能力。为实现这一目标，企业亟须建立一套系统化的数智化能力建设体系，分为能力设计、能力培育、能力评价与迭代三个步骤，将供应商主导的"交钥匙"模式转变为自主研发模式。

5.2　数智化能力设计

构建数智化能力的第一步是能力设计，即明确企业内部人员需要具备哪些能力，以支持数智化转型目标的实现。以中国一汽为例，基于内部分析和外部对标，中国一汽系统性地开展能力设计。内部分析方面，对价值流和业务流程进行梳理和解构，制订转型方案，并识别支持该方案落地所需的数智化能力。外部对标方面，借鉴互联网大厂等数字原生企业的能力模型，通过横向对比，缩小能力差距，确保能力设计的先进性和竞争力。

中国一汽将传统的 34 种岗位优化整合为 10 种 T 序列的核心角色（见表 5-1），并针对每个角色制定相应的能力模型。每个能力模型包含不同的能力等级，每个能力等级又对应多个能力项，例如业务架构能力、数据应用能力、产品运营能力以及 AI 思维等。

表 5-1　中国一汽的角色序列调整

传统序列（34 种）	T 序列（10 种）
信息运营员	产品管理人员
信息运营主管	项目管理人员
信息运营主任	业务架构师
IT 开发工程师	前后端开发人员
IT 开发主管	质量管理人员
IT 开发主任	数据科学家
IT 质量工程师	数据管理工程师
IT 开发员	安全技术开发人员
信息安全技术员	安全管理人员
算法开发工程师	基础实施人员
数据应用主管	
……	

能力模型的应用范围并不局限于数字化部门，而是面向整个集团推广。例如，业务人员可以担任业务架构师、数据管家、项目管理工程师等角色，为业务与 IT 的深度融合奠定基础。考虑到 IT 部门具备较高的数字化资源禀赋，企业可以选择首先在 IT 部门落地能力模型，为向全集团推广奠定坚实基础。

值得注意的是，能力模型并非一成不变，需要在以下三种场景中迭代，以支持人才培养、能力评价与职业发展：一是当业务模式变化导致角色能力要求发生变化时；二是当业务未达到预期目标时，可考虑调整能力项的权重或要求；三是当人效（工时）偏低时，可进一步细分专业方向，精准识别低效点，并做有针对性的调整。

5.3 数智化能力培育

基于数智化能力设计，企业需要弥合现有能力与目标能力之间的差距。相比于直接引入外部人才，更重要的是加强内部人员的数智化能力培育，确保能力实现内生增长、可持续发展。

5.3.1 多元学习：正式培训、共享型学习、实践型学习、自驱型学习

组织员工学习是培育数智化能力的核心方式。通过学习，企业员工能够掌握新兴技术工具、转型方法和业务变革模式，并将其内化为自身能力，夯实企业数智化转型的基础。以中国一汽为例，它系统性地建立了"127学习组合拳"学习机制，即10%正式培训、20%共享型学习、70%实践型学习，同时鼓励自驱型学习。

正式培训涵盖外部培训和内部培训，旨在提供系统性的知识和方法论指导。外部培训主要的学习对象是行业前沿的标杆企业，包括数字原生企业（如腾讯等）和数智化转型领先企业（如华为）。通过对标最佳实践，帮助员工掌握前沿技术趋势，并理解技术如何重构业务等。内部培训重点围绕企业架构（TOGAF）、业务单元、数据治理等专题展开，确保员工系统地学习数智化转型方法论。

在培训过程中，中国一汽强调三个要点：其一，精准匹配转型需求：培训内容紧密围绕中国一汽当前的数智化转型需求，确保学习内容契合实际业务；其二，理论与实践深度融合：鼓励将理论知识与业务场景相结合；其三，学以致用，强化反思：培训

结束后，学员需撰写学习心得，思考如何将所学知识应用于内部转型。例如，如何优化所在部门的业务流程？流程节点能否减少？能否修改节点？如何部署应用架构？

共享型学习是指通过部门内交流和跨部门交流、在线学习社区、专题研讨会等形式，促进企业员工学习彼此的先进实践，形成"取长补短，集体进步"的良好氛围。例如，中国一汽的业务和 IT 一体化战队内部，IT 人员与业务人员深度协作、共享知识；CSP 战队组建"三人小组"（IT 侧的产品经理、业务侧的业务架构师和项目经理）。传统模式下，业务架构师在产品经理和项目经理的协助下，负责梳理业务需求与架构。而在"三人小组"的日常工作中，产品经理向业务架构师和项目经理"渗透"技术术语和系统架构知识，部分业务人员甚至成长为业务 IT 双产品经理。中国一汽会从专业知识扎实、乐于分享的员工中选拔内部讲师，鼓励他们为同事授课，并提供额外薪酬激励。

实践型学习是数智化能力培育的关键环节，通过"在干中学"，帮助员工将理论知识内化为实践能力。员工在接受正式培训后，需要在部门实际业务场景中应用所学的企业架构和业务单元等方法，并在执行过程中不断优化，直至形成最佳实践。与此同时，员工也注重问题驱动，通过解决业务中的"疑难杂症"，不断加深理论知识与实践的融合。

自驱型学习强调激发员工的主动学习意识，弥补能力模型与实际能力之间的差距。对此，中国一汽采取了多方面举措。一是树立"自主学习、自我成长、自我受益、自我成就"的理念，增强员工学习的主观能动性。二是提供个性化的学习支持，如在培训课程中融入员工感兴趣的新技术，并为员工提供专业书籍（如《华为数据之道》），鼓励他们自主选择学习内容。三是鼓励员工设定学习目标，每位员工撰写一封"给未来的自己的信"，并在集团内展示，提升其学习热情和动力。

5.3.2 管理者能力培育先行

管理者作为集团的关键角色，其数智化能力至关重要。为了确保他们真正掌握完成业务目标所需的知识与技能，弥补能力短板，企业需持续开展内部培训与严格考核。

例如，中国一汽组织了为期 6 个月的"实践主导"培训与考核，将培训直接融入业务现场，结合实际案例对管理者进行深度辅导。这不仅增强了他们的实际应用能力，还帮助他们更精准地理解和解决业务问题。在考核方面，中国一汽定期组织基于真实业务案例的统一考试，并公开考核结果。某管理人员回忆："很多年纪大的管理人员，可能考试分数比较低，董事长直接在大会上念分数。几次过后，基本就没有低分出现了。"随着数智化转型的深入，培训和考核频次可以逐步降低，内容也可以从宏观的转型方法论转变为更具操作性的实战技巧，使其以"润物细无声"的方式融入日常工作与实践。

5.3.3 业务人员渐进式能力培育

业务人员作为数智化转型的主力军，同样需要接受能力培育。在中国一汽的案例中，它针对业务人员设计了三阶段的渐进式能力培育体系。

第一阶段：通用化能力培养。在转型初期，中国一汽重点培育业务人员的数智化思维（2.1节），使其理解数智化转型的内涵及实施路径。为此，中国一汽围绕业务架构、数据分析、云平台使用三大核心模块开展培训，并通过考试测评核查员工是否熟练掌握基础技术工具和方法，构建统一的语言体系和认知框架。

第二阶段：特定角色的能力塑造。随着数智化转型的深入，部分核心业务人员需承担更专业的任务，因此企业进一步面向T序列角色展开能力培育（见表5-1）。这一阶段不仅包括培训，还引入了能力认证、实践考核等方式，确保学员具备实操能力。例如，中国一汽推出"转型班"高强度培训，包括3个月的脱产集中学习和1个月的实践训练。学员可选择后端开发、产品经理等T序列角色方向，并接受严格的考试和淘汰机制，不仅每日要学习12个小时以上，还需参与每周、每月考核，考核成绩须达80分方可继续。在能力认证与实践考核环节，学员独立承担开发任务，并接受外部专家指导。最终，通过考核的学员成为推动IT与业务深度融合的中坚力量。

第三阶段：全员能力夯实。在数智化转型进入深水区后，中国一汽的关注点会从部分核心人员扩展至全员，要求所有员工在数据挖掘、模型构建或业务优化三个方向中至少选择一个深耕。此阶段的培育更加贴合实际业务场景，借助工作台数据进行常态化认证和评估，以确保数智化能力成为每个员工日常工作的重要组成部分。

5.4　数智化能力评价与迭代

企业除了培育内部人员的数智化能力，还需要评价培育的效果，可以采用基于能力认证的过程性评价和基于绩效考核的结果性评价。在评价的基础上，企业需继续优化人员的数智化能力，补齐能力短板。

5.4.1　过程性评价：能力认证

在经过充分的能力培育后，员工需接受定期的能力认证，完成后将获得代表其能力水平的勋章。中国一汽针对各角色和职级的能力模型，设计了能力认证方案。首先，采用公开答辩、模拟实操、现场笔试、技能大赛等多种形式，由专家综合打分评定。为确保认证的公正性与权威性，中国一汽特别重视外部评审机制，会邀请来自 IBM、阿里巴巴、360 等数字原生企业的顶尖专家，组成外部专家库。这些专家的评分权重占总评分的 70%，可以有效避免内部关系对评定结果的干扰，并确保中国一汽的能力水平与数字原生企业接轨。其次，在认证完成后，依据成绩发放各类能力勋章，勋章与员工的晋升和薪酬直接挂钩，具有强激励作用。最后，比对员工能力水平与其担任角色的能力模型，评判是否符合下一等级的能力要求，形成"能上能下"的用人机制。

为提升战队交付质量、提高利用云原生与工作台技术架构的数智化能力，中国一汽体系数字化部围绕环境准备、后端微服务开发、前端 App 开发、在线建模、流水线部署、基础服务和授权等知识点开展了 10 次实操培训，并进行了认证考试。考试要求学员根据所在业务领域，开发一个实现增删改查功能的用例，发布至云原生平台，并完成授权。通过考试的人员将获得"开发技能勋章"和"云平台发布勋章"等 T 序列入门勋章，而未通过考试的人员需补考重测，并将触发"能力红线"，可能面临降级处理。

5.4.2　结果性评价：绩效考核

人员能力的价值最终体现在组织绩效上，因此，除了过程性评价，还需要从结果维度进行评价，即绩效考核。两者相辅相成，共同构建起科学的能力评价体系。

例如，中国一汽的绩效考核分为四个步骤：第一步，根据用户需求和业务版图，明确数智化转型的重点任务，确保所有任务都具有实际业务价值；第二步，为任务匹配最合适的角色与人员，确保人岗匹配；第三步，记录人员在任务执行过程中的数据；第四步，基于记录的数据，结合绩效模型，对人员进行客观公正的评价。

下面以中国一汽体系数字化部的数据处为例，介绍上述绩效考核的四个步骤：

第一步，数据处需基于用户需求和业务版图确定转型任务。用户包括企业高管、业务战队、外部生态合作伙伴等。其中，企业高管主要关注 BI 驾驶舱，业务战队侧重于数据服务，外部生态合作伙伴则关注数据共享通知。结合这些需求，数据处制定年度工作目标，例如"达成 400 个顶层报告指标""打造 7 大能力中心"等。通过匹配目标与业务需求，数据处明确两大工作重点（数据服务需求与数据服务种类），并细化年度重点任务，如能力中心建设、BI 拉动数据治理等。

第二步，结合能力模型，为每项重点任务匹配最合适的人员，合理分配工时，确保任务落地。例如，在"打造 7 大能力中心"任务中，4 名数据管理工程师负责架构设计，3 名产品管理工程师负责产品设计，将任务拆解到具体人员，确保责任清晰、分工明确。

第三步，数据处通过中国一汽云原生工作台向员工派发任务，员工依据自身角色在线执行任务。所有执行过程均在工作台留痕，生成行为数据，为后续绩效考核与能力认证提供客观依据。

第四步，基于绩效模型，系统自动计算员工绩效得分，对人员进行评价。计算依据包括两个部分：一是任务积分得分，基于工作台行为数据，结合任务执行质量，从效率、完成度两个维度进行加权评价；二是部门贡献得分，基于交付贡献、部门建设、能力提升等日常行为数据，按照预设评价标准进行计算。

由于不同战队、部门，甚至同一部门内的处室，其用户需求和业务版图存在差异，绩效考核指标也各不相同。例如，业务和 IT 一体化战队的绩效考核主要包括流程上线、运营指标达成、决策智能化、战队令达成、问题解决等五个方面。而业务部门的绩效考核在此基础上增加了数据治理和工作台使用率等指标，以便更全面地衡量数智化能力的建设情况。此外，绩效考核结果的测算以记录的数据为依据。系统直产直采的作业数据与行为数据不仅能够真实反映工作成效，同时也避免了人情因素的干扰，确保考核的透明度和公正性。

最后，要对绩效进行表现横向比较和公开晾晒绩效结果。在部门层面，中国一汽每月公布"数智化红蓝榜"，公示各部门在数智化转型中的绩效表现，并进行排名，以直观展示各部门的进展与成效，促进良性竞争。在个人层面，中国一汽对各部门内相同角色完成的同质化任务进行横向比较，形成基于角色的能力评估。这不仅提升了绩效考核的公平性和透明度，也推动了部门间的竞争，同时激励员工持续提升自身的数智化能力。

5.4.3 激励全员持续迭代

能力评价机制通过高激励和强约束，双管齐下，驱动员工主动提升能力。中国一汽将能力认证结果作为员工晋升与薪酬调整的重要依据，认证结果分为四类：（1）能力认证达到更高等级者，给予晋升激励；（2）能力认证为B档及以上者，享受逐级调薪；（3）未获得基础勋章者需进行保级答辩，未通过则降级；（4）能力认证处于末位者将被淘汰，退出T序列。通过这一机制，优秀的人才得到强激励，而落后的员工也会自觉弥补自身短板，持续提升能力。

除此之外，能力认证结果也被用于优化数智化人才能力模型，确保该模型的前瞻性与实用性。大部分员工都达到较高能力等级，这意味着企业整体数智化水平已提升，此时需适当提高能力模型中的要求，或引入新的能力项，以保持人才竞争力。新的能力模型也会为后续的能力培育提供指引，形成良性循环。

专业能力领军人机制也是推动数智化能力建设自我进化的关键。针对每个专业角色，设立一名领军人，通常由拥有该角色最高职级的人才担任，负责数智化能力迭代和人才培养，其核心职责包括团队组建、能力迭代、资源盘点、能力培养、能力评价与晋升推荐等。

5.5　本章小结

本章详细介绍了企业构建人员数智化能力的关键机制（见图 5-2）。

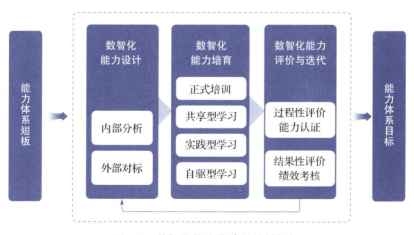

图 5-2　数智化能力构建的总结框架

　　传统企业普遍存在高度依赖外部供应商、自主开发能力弱等问题。因此，为达成合理、健康的数智化能力体系建设目标（5.1节），企业需首先设计数智化能力模型，明确实现数智化转型所需的能力（5.2节）。然后通过系统性的组织学习，推动员工达成既定能力目标（5.3节）。最后评价员工的能力水平，并根据评价结果迭代能力设计和培育（5.4节）。通过上述举措，企业逐步实现全员数智化能力的构建，为数智化转型的成功添砖加瓦。

本篇介绍企业数智化转型中基于
5A 架构的整体方法论（第 6 章）、
以业务单元为最小对象的业务重构
方法（第 7 章）、业务单元运营驱动
效能增长（第 8 章），以及业务单
元驱动组织优化的机制（第 9 章）。

三、业务重构篇

基于 5A 架构的整体方法论

以企业全局视角统筹规划数智化转型，能够保障转型过程有计划、有步骤、有逻辑地推进，确保最终转型结果与转型战略目标一致。中国一汽以 TOGAF（The Open Group Architecture Framework，开放组架构框架）[⊖]为指导，不断打磨、实践和创新，形成了具有自身特色的基于 5A 架构的数智化转型整体方法论，涵盖业务架构、信息架构、应用架构、技术架构和安全架构，这些架构围绕数智化转型目标，形成了相互关联的"一体五面"。

○ TOGAF 由非营利性标准化组织 The Open Group 以美国国防部开发的信息管理技术架构框架为基础而创建，是全球标准化的企业架构，第一版诞生于 1995 年。The Open Group 后续又推出了 TOGAF 多个连续版本，旨在帮助企业构建业务与 IT 之间共同的愿景和目标，制定一致的原则和方法，采用最佳实践，通过标准的交付物和流程来提高整体运营效率，同时通过运营治理完成架构迭代。TOGAF 得到了华为、IBM、惠普、SAP、甲骨文等企业的积极推动。参考自《TOGAF 标准第 10 版口袋指南》。

6.1　企业架构标准的引入

　　数智化转型若缺乏全局视角与系统性思维，必然陷入"头痛医头、脚痛医脚"的困境。中国一汽在数智化转型初期，通过系统诊断发现五大典型痛点：系统冗余、IT与业务脱节、数据治理混乱、员工缺乏全局观、系统协同困难。这些痛点是传统信息化建设中缺乏顶层设计的必然结果。具体而言，其一，系统冗余。企业信息系统建设长期被零散的、临时的、不断新增的业务需求"牵着鼻子走"，陷入"只管生，不管养"的熵增困境。系统冗余进而造成IT运维成本持续攀升。其二，IT与业务脱节。部分系统设计短视，难以适应业务发展，最终沦为低效的"僵尸系统"。加之，企业采购工作缺乏整体规划，未能统筹业务需求，导致大量外购系统不能匹配中国一汽自身业务，造成IT与业务脱节。其三，数据治理混乱。各部门数据标准不统一，增大了数据共享成本。同时，权责不清的数据管理制度让业务部门与数字化部门相互推诿，严重影响了数据质量。其四，员工缺乏全局观。员工习惯于从自身岗位或部门出发思考问题，缺乏对跨部门流程和整体架构的理解，固守传统工作模式，对数智化转型缺乏主动认知和学习动力。在需求表达过程中，常无法跳出局部视角，难以用IT语言传达整体业务诉求，造成业务人员与IT人员沟通错位，严重影响了需求的准确落地与执行效率。其五，系统协同困难。各部门系统建设各自为政，导致系统孤岛，这种系统割裂状态对汽车制造等高度依赖协同作业的行业尤其不利。

　　针对传统信息化建设的痛点，中国一汽的管理者提出独到见解，指出在复杂局面下，需要从全局视角审视问题，在混沌中找到秩序。

> 只要站在高位，万事万物都可以被结构化、模型化和服务化，使无序的熵增世界最终走向有序。
>
> ——中国一汽数字化转型委员会

企业架构的概念与中国一汽体系数字化部总经理的想法不谋而合——"架构"是人们对一个复杂系统内的元素及元素间关系进行抽象化的产物。比如，人们置身于宏伟的故宫，很容易迷失方向，但是故宫的宫殿位置、宫殿间的排布和通路可以通过一张地图直观地展现出来，这张地图就是故宫的架构。与之类似，企业架构是对企业内的元素及其关系进行提炼的结果，以可视化的方式呈现，方便相关人员达成共识。

TOGAF 具体描绘了企业内可复用的四类架构，即业务架构（Business Architecture，BA）、信息架构（Information Architecture，IA）、应用架构（Application Architecture，AA）和技术架构（Technology Architecture，TA），以及应如何设计和实施这四类架构。具体而言，业务架构是起点，聚焦企业战略目标和业务能力，决定了企业"做什么"；信息架构和应用架构在此基础上展开，前者确保数据资产与业务活动的一致性，后者负责实现业务流程的系统化运行；技术架构为应用架构中应用系统的部署与运行提供技术平台和基础设施。

在推行 TOGAF 作为数智化转型的指导方法之前，中国一汽对 TOGAF 进行了适配性分析，发现了五个显著优点。

一是统一架构，消除冗余。TOGAF 提供了统一的整体架构，能够减少由不同部门或团队各自为政而产生的冗余，帮助企业识别和消除冗余的业务流程与系统功能，优化资源配置，降低成本。

二是业务架构与 IT 架构高度对齐。在 TOGAF 指导下，企业首先要梳理关键业务流程和逻辑，将之结构化为业务架构，进而指导信息架构、应用架构和技术架构的协同运作，从根本上解决业务与 IT "两层皮"的问题。

三是数据认责。在 TOGAF 中，一旦业务架构与信息架构中的要素完成关系构建，当信息架构中的数据出现问题时，便能快速定位相关业务人员，提升数据追溯能力和问题处理效率，实现数据认责。同时，TOGAF 通过提供统一的架构语言、方法和标准，可以有效保障数据治理在企业全局范围内的语义一致性，构建起跨部门、跨系统的数据协同机制。

四是增强全局意识。TOGAF 以业务架构为总领，强调业务部门的员工应该具备架构设计的能力，这可以倒逼业务人员掌握结构化思维，并尽可能地运用 IT 语言描述业务需求、标准或规则。

五是促进系统协同。TOGAF 引导企业从整体视角统一规划业务、信息、应用与技术架构，在架构设计阶段预先定义系统间的交互规则与接口标准，确保不同系统在设计之初就具备良好的集成性与兼容性。

因此，中国一汽正式确定以 TOGAF 作为数智化转型的指导方法，强调所有部门应按照该方法推进转型。

然而，TOGAF 所提供的实用范例较少，且不同行业的特色各不相同。如何将 TOGAF 这一通用方法应用得当，如何打造符合自身数智化转型需求的架构体系，是中国一汽亟待解决的实践难题。为了真正实现"能力要长在自己身上""保持增长的独立性"，并践行"数智化转型是一项持续性工程，不同阶段有不同的重点，不能以静态或绝对正确的视角看待任何一种方法，更不能完全依赖某种既定方法"的理念，中国一汽试图以 TOGAF 方法为基础进行探索和创新。

6.2　"一体五面"的 5A 架构

在 TOGAF 所包含的业务架构、信息架构、应用架构和技术架构的基础上，中国一汽强化了安全架构（Safety Architecture，SA），形成 5A 架构。此外，中国一汽还结合自身实践丰富了各架构的内涵，并构建了各架构之间的关联，形成"一体五面"。下面依次介绍每个架构的内涵，以及各架构之间的关联。

6.2.1　业务架构设计

业务架构是为实现业务目标而构建的结构化运作管理体系，上承企业战略、下启运营战术。作为 5A 架构的起点，业务架构起到统领作用，为信息架构、应用架构、技术架构和安全架构提供指引。

业务架构设计总体上遵循 Y 模型（见图 6-1），即从价值视角和能力视角梳理业务流程，进而将流程解耦为最小可执行的业务单元，并构建业务架构管理平台（EAMAP）。总体而言：（1）价值流梳理是业务架构设计的起点，明确需要为内外部客户创造什么价值，以价值创造为业务目标，一切从价值出发。（2）价值流梳理完成后，需要明确企业具备什么业务能力，才能达成价值创造的目标。（3）明确价值创造目标和所需能力后，业务流程描述了企业如何开展端到端的业务工作以创造价值。（4）业务流程被解耦为最小可执行的业务单元，通过明确每个业务单元，确保整

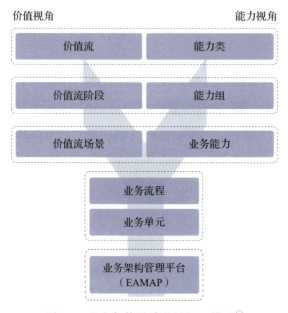

图 6-1　业务架构设计遵循的 Y 模型[一]

<hr />

[一] 华为企业架构与变革部. 华为数字化转型之道 [M]. 北京：机械工业出版社，2022：124-131.

体业务流程的落地。（5）EAMAP 旨在实现业务架构的线上化管理和迭代。下文将具体阐述中国一汽业务架构设计的五大核心内容，涵盖价值流、业务能力、业务流程、业务单元、EAMAP 的设计与构建。

1. 价值流

价值流是指面向外部客户和内部客户，企业能够创造什么价值，具体体现在提供的产品或服务。其中，外部客户主要包括消费者和生态合作伙伴等，价值流梳理的重点目标是推进外部客户购买企业的产品或服务；内部客户包括集团管理者和各业务部门等，梳理的重点目标是支撑业务目标的实现。价值流需要匹配客户旅程（即内外部客户从接触到使用产品或服务的全过程）的每个价值触点，确保在每个触点都能够给客户提供相应价值。价值流阶段指的是对价值流整体进行的阶段划分和进一步细化。价值流场景指的是在特定业务情境或应用场景下，价值流的一种实例化和具象化表现。

例如，在梳理采购业务领域的价值流时，首先，识别采购业务的内外部客户，包括需求部、供应链部、法务部、财务部、研发总院等内部客户。随后对客户价值主张进行梳理和聚类，形成供应商管理、寻源到合同、采购到付款三条核心价值流。其中，供应商管理价值流所承载的客户价值主张是对供应商生命周期进行管理，共同构筑健康供应链，确保供应的连续性和韧性；寻源到合同价值流所承载的客户价值主张是与前端协同，构筑产品或服务的可采购性和可交付性，并与供应商联合创新，持续降低采购成本，提升产品或服务的竞争力；采购到付款价值流所承载的客户价值主张是与内外部协同，快速响应需求，确保采购的物料或服务能够及时、准确地交付。其次，根据每条价值流的客户间交互行为梳理客户旅程，并根据价值触点将核心价值流拆分为细分阶段，如寻源到合同价值流拆分为提出采购需求、制定采购策略、询报价、采购决裁、签订合同等价值流阶段。最后，结合不同价值流阶段所承载的客户价值主张，制定价值度量的灯塔指标及取值，如采购发包周期 ×× 天、采购降本 ×× 万元、供应商健康度 ××% 等（见图 6-2）。这些指标被用以度量企业为客户所提供的价值。

2. 业务能力

业务能力包括企业为实现价值创造所需具备的核心能力及其构建方式。业务能力由能力类和能力组逐级细分而成。能力类是指按照较大业务范围及所需业务技能分类（功能领域），如产品开发、营销等。能力组是指按本功能领域的业务分组，是若干个强相关业务能力的组合。

在设计业务能力的过程中，需要从两个层面系统展开。其一，定义能力本身，明确能力名称及其用途，并补充能力层级、owner（责任人）、绩效指标等治理要素，清晰地回答"业务能够做什么"；其二，刻画能力实现方式，需全面识别支撑该能力的关键资源，包括流程、数据、IT，以及具体业务服务的提供路径。同时，还应结合成熟度等级对能力建设水平进行评估。上述框架完整覆盖了业务能力从定义、治理到实施与评估的全生命周期，确保能力体系既具有目标导向性，又具有实际操作性（见图 6-3）。

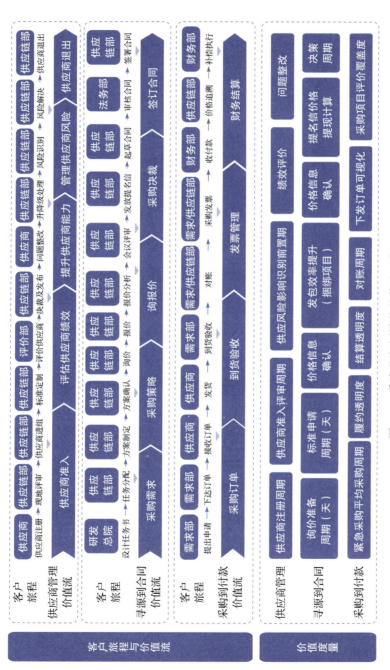

图 6-2　采购业务领域的价值流示例

图 6-3　业务能力的构成要素

3. 业务流程

业务流程是指企业从输入客户需求到交付产品及服务给客户的端到端过程。业务流程为企业开展业务工作提供了总体路线。所有业务部门都围绕着业务流程开展工作，IT 承载和使能的是业务流程，数据是业务流程中流动的信息，质量管理依附于业务流程，运营也是基于业务流程展开的。梳理业务流程的过程其实是在总结和固化优秀作业实践，使不同团队执行同一业务流程时获得可复制的成功。

在梳理业务流程时，需要思考：本业务流程的业务目标和业务价值有哪些？本业务流程的上游供应商和下游客户有哪几方？本业务流程的执行过程和执行方式有哪几类？本业务流程所需的输入信息有哪几类？本业务流程的输出信息有哪几类？本业务流程的处理时间有哪些区分？本业务流程的执行人员有哪几类？本业务流程的业务量或金额是什么？按照此番思考梳理业务流程，能够将明确的输入转换成明确的输出，从而有效实现价值创造。

4. 业务单元

业务流程虽然提供了总体路线，但是对具体的业务执行难以提供有效指导。中国一汽提出了"业务单元"的概念和方法：将业务流程解耦为最小可执行的业务单元，业务单元能够明确企业中什么人在做、在什么时间做、做什么事情、按照什么步骤以及达到什么标准，从而确保业务流程的高效运转和价值实现（详见第 7 章）。

5. EAMAP

EAMAP 旨在支撑各领域业务架构的梳理工作，保障业务架构资产的有效沉淀。各领域业务架构师可在该平台上完成业务架构设计全过程。完成业务架构梳理后，EAMAP 会自动将架构资产沉淀到平台上，并进行版本管理。企业各级管理者可随时随地查阅、共享架构资产，并自动生成流程文档和流程图。

6.2.2 信息架构设计

信息架构是对业务运作和管理决策中所需各类信息及其相互关系的结构化描述，其关键组件包括数据资产目录、数据模型、数据标准、数据分布（见图 6-4）。数据资产目录用分层、树状的结构化方式厘清数据资产，包括主题域分组、主题域、业务对象、逻辑数据实体和属性五层。其中，业务对象是数据管理的基本单元，是业务和 IT 的关键连接点。它是业务领域重要的人、事、物，承载了业务运作和管理涉及的重要信息。数据模型通过建模实现对数据及其关系的描述，能够指导 IT 应用开发。数据标准提供企业共同遵守的业务含义和规则，包括业务术语

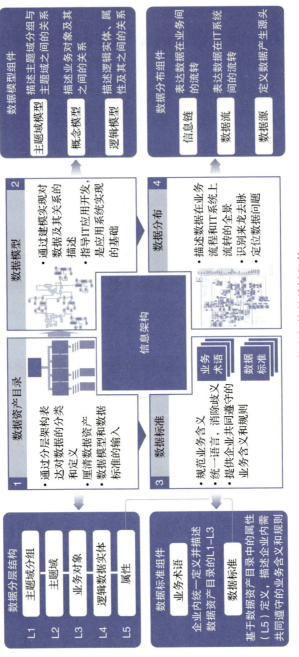

图 6-4 信息架构的关键组件

数据模型组件
- **主题域模型** 描述主题域分组与主题域之间的关系
- **概念模型** 描述业务对象及其之间的关系
- **逻辑模型** 描述逻辑实体、属性及其之间的关系

数据分布组件
- **信息链** 表达数据在业务间的流转
- **数据流** 表达数据在IT系统间的流转
- **数据源** 定义数据产生源头

2 数据模型
- 通过建模实现对数据及其关系的描述
- 指导IT应用开发，是应用系统实现的基础

4 数据分布
- 描述数据在业务流程和IT系统上流转的全景
- 识别来龙去脉
- 定位数据问题

信息架构

1 数据资产目录
- 通过分层架构表达对数据的分类和定义
- 厘清数据资产
- 数据模型和数据标准的输入

3 数据标准
- 规范业务含义
- 统一语言，消除歧义
- 提供企业共同遵守的业务含义和规则

业务术语

数据标准

数据分层结构
- **L1** 主题域分组
- **L2** 主题域
- **L3** 业务对象
- **L4** 逻辑数据实体
- **L5** 属性

数据标准组件
- **业务术语** 企业内统一定义并描述数据资产目录中L1～L3的属性
- **数据标准** 基于数据资产目录中的属性（L5）定义，描述企业内需共同遵守的业务含义和规则

和数据标准。数据分布包括定义数据源、数据流和信息链，其中，数据源为数据产生的源头系统，只有经过公司数据管理专业组织评审并通过认证后，才能正式被认定为合法的数据源。而数据流和信息链描述了数据的来龙去脉，可作为数据源认证的基础，以及为数据质量问题分析提供指引。

信息架构是连接业务架构与其他架构的桥梁，用于统一数据资产标准，规范数据口径，进而有效支撑业务决策。信息架构不仅可以支撑 IT 系统的落地，还能更好地管理企业数据资产，提升业务交易链条的效率，甚至能够重新审视、反哺业务的设计与整合。例如，通过建立标准化的信息架构，不同角色可以达成对数据的共识，实现高效的数据资产共享，并满足外部数据监管与集成。除此之外，信息架构中的数据流转过程全景图可以清晰展示数据的来龙去脉，有助于员工发现业务改进机会点，提升运作效率。一位数据管理工程师表示："中国一汽的信息架构设计包括两个关键点，一是通过业务架构和信息架构的映射，实现业务在线化，实时采集准确和高质量的业务数据；二是通过数据建模，分析、洞察和优化业务。"基于此，中国一汽提出信息架构的两种设计模式：基于变革项目的信息架构设计模式（"六阶十八步"法）和基于需求拉动的信息架构设计模式（"五阶十六步"法）（10.2.3、10.2.4 小节）。

6.2.3 应用架构设计

应用架构描述了用于支撑业务架构并处理信息架构所定义的数据的 IT 系统及其交互关系，核心目标是支撑业务流程在线化运营并处理数据。这一架构有助于实现业务与 IT 的真正融合。中国一汽体系数字化部总经理表示："在数字化时代，企业若不注重应用架构的开发和设计，那么其所梳理的业务架构将毫无意义。"在中国一汽的数智化转型过程中，云工作台和能力中心是应用架构设计的核心部分（见图 6-5）。

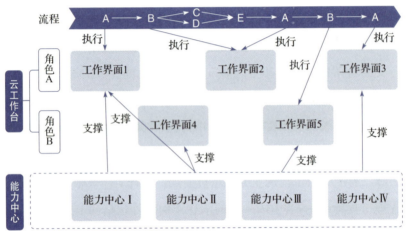

图 6-5　云工作台与能力中心建设框架

云工作台是各业务角色完成业务单元对应任务的作业平台，其设计目标是实现流程端到端的在线作业，避免线下作业出现断点。该平台包括任务管理和作业平台两大部分，前者是通过任务的生成、分发、流转，实现任务自动化；后者是员工的作业界面，实现作业在线化。具体而言，云工作台的任务管理将业务单元转变成任务分发给相关人员，实现任务清晰分配。通过调用作业平台，将任务推送到云工作台首页，让每个人都能知道自己在项目中的任务和前后置关系，方便更好地作业。在此基础上，作业平台以业务单元的业务要素和业务规则为基础，标准化角色执行作业的步骤，并记录执行结果。如今，中国一汽每一辆红旗车从研发、设计、测试、制造、销售到交付的全生命周期均在云工作台上实现。

能力中心的概念起源于"能力中台"理念，旨在提供包括技术标准、规则、模型和流程在内的一整套服务体系输出，以应对前端业务的动态创新。能力中心可以被云工作台调用，能够支撑和满足多个作业平台的需求，以便更好地完成任务。通过对核心知识和经验的沉淀与封装，能力中心协助云工作台提升作业效率和质量，最终赋能日常业务运营。通过对能力中心的调用，企业可以避免重复开发和重复作业，并且依托能力中心封装的最佳实践，作业执行的效率和质量能够得到大幅度提升（11.2.1 小节）。

6.2.4　技术架构设计

技术架构是支撑应用系统高效灵活运转的底层技术基础设施。中国一汽采用基于云原生技术的技术架构，具有诸多优势。从企业管理视角来看，它能够助力企业灵活应对业务变化，大幅提升管理效率；从系统实施视角来看，它能形成开源生态、标准化资源、敏捷开发和应用松耦合；从运维管理视角来看，它有利于轻量化部署，高效调度资源，实现安全运维。此外，对致力于"用创新的产品和服务不断创造价值的移动出行科技公司"的中国一汽而言，云原生技术凭借其独有的微服务架构、容器化封装、DevOps 等特点，还可以满足智能出行服务各项应用场景的业务需求。

中国一汽云原生平台覆盖 IaaS（基础设施即服务）、PaaS（平台即服务）、开放平台、开发运维运营一体化体系、云安全体系和架构治理体系六大领域能力，涉及 89 个技术组件，支撑企业构建自主可控的应用系统（见图 6-6）。目前，中国一汽已初步完成云原生平台建设，并实现全面业务应用系统迁移上云（云原生平台详见第 12 章）。

6.2.5　安全架构设计

中国一汽在 TOGAF 的 4A 基础上强化了安全架构（见图 6-7）。其主要目的在于，确保中国一汽在面对网络空间重大风险时，数智化运营不会受到影响，保护数字业务、数据资产、网联产品和工业生产系统等数字资产的安全性和稳健性。

中国一汽在安全架构设计过程中，始终坚持"以安全架构为指引，以攻防实战为导向，以安全能力为保障"，重新提出包含识别、防护、检测、响应、验证的 IPDRV 模型，推动安全能力组件化的建设。其安全架构涵盖基础设施安全、统一安全运营、数据安全、车联网安全、开发安全和工控安全。基础设施安全确保汽车制造和计算环境的安全性，防止物理及网络攻击；统一安全运营通过集中式安全管理平台，实现跨业务和系统的安全监测与应急响应；数据安全保障车辆与用户数据的机密性、完整性和可用性，防止数据泄露与篡改；车联网安全则专注于车与车、车与云、车与基础设施的通信安全性，防御远程入侵和网络攻击；开发安全贯穿项目全生命周期，通过代码审

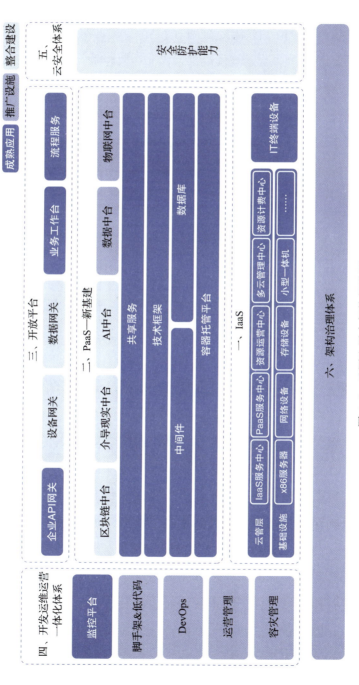

图 6-6　云原生平台架构概览图

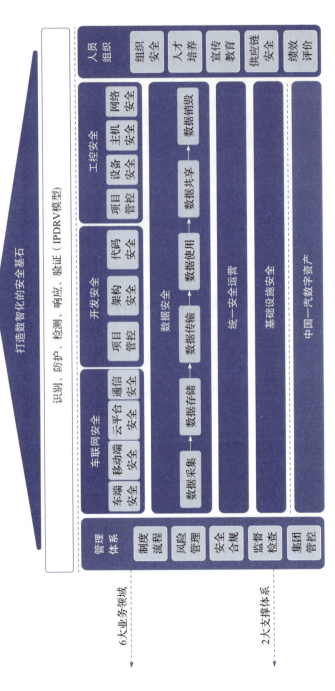

图 6-7　安全架构概览图

计、安全测试及项目管控等，确保产品安全性；工控安全则重点保护汽车生产过程中工业控制系统的安全，防止生产线遭受网络攻击或恶意篡改。

与此同时，中国一汽还依托管理体系和人员组织，全面保障安全架构的落地。其中，管理体系涵盖制度流程、风险管理和安全合规等方面，通过完善的流程与规范保障安全运行；人员组织体系包括组织安全、人才培养及宣传教育等方面，确保各级人员具备必要的安全知识和专业技能，从而提高整体安全防护能力。

6.2.6　一体五面：各架构之间的关联

在中国一汽基于 5A 架构的数智化转型整体方法论中，业务架构、信息架构、应用架构、技术架构和安全架构之间具有很强的关联性（5A 架构的整体关联情况见图 6-8，其中业务架构、信息架构和应用架构之间的关联情况见图 6-9）。

企业从业务需求出发，以客户价值为起点，梳理业务流程，搭建业务架构。这一过程其实就是在结构化业务流程、定义业务要素，帮助信息架构识别业务对象、梳理数据资产目录、建立数据模型、整理数据标准和数据分布。业务架构和信息架构的设计和构建是同步进行、紧密关联的，即每一个业务流程都有与之相映射的信息架构，即以数据的形式对业务进行描述。因此，信息架构能够为业务架构提供运营和管理决策所需的各种信息；业务架构基于信息架构的数据分析结果重新设计和整合相关业务，形

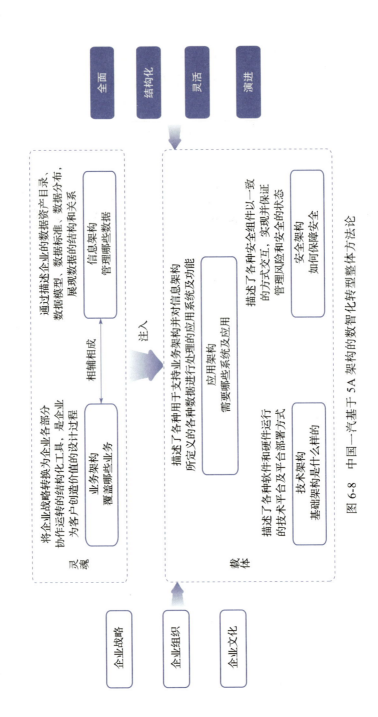

图 6-8 中国一汽基于 5A 架构的数智化转型整体方法论

全面　结构化　灵活　演进

灵魂

业务架构
覆盖哪些业务

将企业战略转换为企业各部分协作运转的结构化工具，是企业为客户创造价值的设计过程

相辅相成

信息架构
管理哪些数据

通过描述企业的数据资产目录、数据模型、数据标准、数据分布，展现数据的结构和关系

注入

载体

应用架构
需要哪些系统及应用

描述了各种用于支持业务架构并处理应用的应用系统及应用

技术架构
基础架构是什么样的

描述了各种软件和硬件运行的技术平台及平台部署方式

安全架构
如何保障安全

描述了各种安全组件以一致的方式交互，实现并保证管理风险和安全的状态

企业战略

企业组织

企业文化

116

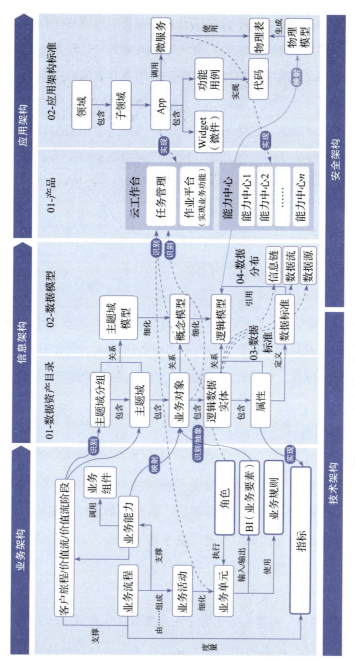

图 6-9 业务架构、信息架构和应用架构相互关联

成正向循环。接着，业务架构和信息架构共同为应用架构提供重要的输入内容，有助于应用架构开发相关业务应用系统。具体而言，业务架构帮助应用架构发现业务组件及其之间的关系、分析不同角色客户对应用系统的诉求；信息架构为应用架构提供了需要处理的各种信息。在此基础上，技术架构为应用架构提供应用组件，助力应用系统高效开发。同时，构建全面的安全架构，为业务架构、信息架构、应用架构和技术架构的安全保驾护航。

6.3　5A 架构的独特价值

5A 架构继承了 TOGAF 方法的结构化、标准化等优势，能够有效解决业务流程、数据和系统功能的冗余问题，促进 IT 与业务高度对齐。同时，中国一汽在实践中也摸索出了诸多独特的价值。

6.3.1　业务数智化的闭环迭代

中国一汽基于 5A 架构实现了现实世界和数字世界的连接，保证它们之间的一致性。业务架构、信息架构、应用架构、技术架构和安全架构五大架构紧密关联和相互协作，最终形成了"始于架构，终于架构"的闭环，实现从业务规划到数字技术落地的全流程贯通与持续迭代。

"始于架构"可以有效促进企业业务数字化和数字商业化，即快速将数字化产品推向市场。一方面，中国一汽数智化转型"始于架构", 将业务逻辑"翻译"成 IT 语言, 并部署各类业务应用系统, 之后在信息架构上管理业务数据, 实现了业务数字化。另一方面, 标准化有助于实现规模效益。中国一汽基于真实的、标准化的业务流程和数据衍生出数字化产品, 具备更高的生产力, 实现了数字商业化。例如, 中国一汽研发总院利用 5A 架构开发的"汽车造型 AI 功能"已实现每年生成 20 万张图纸。作为数字化产品的云工作台, 承载了几乎所有的业务流程和业务单元, 帮助中国一汽实现了 100% 的业务孪生, 并提升了至少 100% 的业务效能。中国一汽自主研发的这些数字化产品正在逐步走向市场。

"终于架构"助推业务效能不断提升。中国一汽采用架构管理方法, 能够实现 IT 与业务的对齐, 基于数据识别现实世界存在的问题, 提出改进措施。改进措施在数字世界得到验证后, 通过管理行为反馈到现实世界, 从而提升业务的工作效益和效率。具体而言, 中国一汽基于应用架构中自主构建的数字化产品, 实现了所有业务流程在线化, 能够实时采集和分析业务数据, 并根据数据分析结果反向优化和调整业务架构。例如, IPD 产品运营工作台实现整车生产流程的在线运营和数字孪生。该工作台不仅能收集客户访问数据, 并利用数据分析评估各角色的工作效率及状态, 还能通过监控各项业务能力指标, 实时查看并预警产品项目收益状态、整车单车物流成本等指标, 让项目风险状态全程清晰透明。这些数据分析结果还可以驱动整车生产流程中的业务单元、业务流程和业务架构持续迭代。调整后的业务架构再进一步推动信息架构和应用架构的迭代。这些优化后的架构成为中国一汽新的架构资产, 形成"始于架构、终于架构"的闭环。

6.3.2 创新数据治理

首先，业务人员成为数据治理的主体。企业采用 5A 架构，使所有的业务、数据和应用采用统一的架构与语言，严丝合缝地串联起来，克服业务、系统和数据孤岛问题。这有助于中国一汽汇集业务全生命周期所产生的运营数据。一位数据管理工程师表示："业务人员成为数据治理的主体，能够从源头提高数据质量。"（10.2.1 小节）。5A 架构有助于中国一汽实现这一目标，这是因为 5A 架构彼此间相互关联，一旦信息架构中出现数据报错，可以利用信息架构和业务架构之间的关联直接定位相关的业务负责人，即生产数据的业务人员成为数据负责人。这不仅改变了传统的"业务人员提需求，出现问题 IT 人员'背锅'"的混乱局面，还能够从源头上保障数据产生和采集的准确性。目前，中国一汽已经成功实现由业务人员担任数据管家和数据专员，甚至各战队的业务人员都会独立构建数据模型。

其次，数据使用自助化。企业的数据只有流通起来，才会产生价值。然而，一位数据管理工程师表示："以前业务人员查找历史业务数据需要先找 IT 人员，从申请、审核、检索到最终获取数据，整个过程至少需要 3 周，严重制约了工作效率。"现在，5A 架构中业务架构和信息架构相互映射，业务人员可以直接通过数据资产目录，自助找到业务数据源所处的数据库和数据表，甚至精确到所处字段。同时，中国一汽早在设计信息架构时就考虑到了安全因素，规定了不同情况的数据调用权限。因此，业务人员只需拿到相应的数据授权，就能直接获取相关业务数据并进行业务诊断。由此可见，5A 架构消除了数据共享的障碍，实现了数据使用自助化。

最后，基于数据驱动的业务提质增效。信息架构与业务架构中的要素完成关系构建，信息架构中的数据能够真实反映业务运营的实质，并根据建模分析帮助企业洞察业务痛点，从而助力业务架构的迭代。此外，业务架构和信息架构与应用架构也相互关联，业务架构中不同客户角色的管理诉求和信息架构中所识别的业务对象，有助于企业在应用架构中自主构建与业务相对应的应用系统。这不仅能实现线下业务没有断点的"在线化"，还能实现业务数据直采、实时数据分析以及以数据驱动业务的动态调整和优化。目前，中国一汽已全面采用系统自动生产的运营报告进行业务优化，员工普遍认为数据比领导的讲话更具说服力。各战队在向领导汇报业务进展时，也不再制作烦琐的 PPT，而是直接基于运营报告汇报相关指标。

6.3.3 应用开发个性化与低成本

在 5A 架构中，业务架构首先将业务逻辑全部梳理清楚，形成细化到最小管理颗粒度的流程文档，并将业务流程结构化和模型化。其次交由信息架构完成数据定义。最后应用架构根据业务架构和信息架构提供的重要输入内容，以及技术架构提供的技术支持，高效完成应用系统的开发、维护和更新。由此可见，企业的应用系统开发完全基于其业务战略、业务目标和业务流程。

在实施 5A 架构之前，中国一汽曾采购大量来自第三方供应商的应用系统，但并没有显著提升效率，反而产生了高昂的系统使用费，且这些系统常与实际业务流程产生冲突，造成大额系统维护费用。在 5A 架构中，中国一汽自主构建的应用架构能够更好地适配个性化的业务需求，大幅提升了应用系统的利用率，并且该架构中的应用系统完全"生长"在云原生平台上，保障了应用系统的自主可控。除此之外，云原生技术架构中的微服务有效降低了应用系统的开发成本，避免系统重复建设。

6.3.4 网络安全与数智化深度融合

为了确保在面对网络空间重大不确定风险时数智化运营不受影响，5A 架构着重强化了安全架构，并将"安全基因"贯穿整个 4A 架构，实现与 4A 架构的"全面覆盖，深度融合"，有效避免了网络安全和数智化"两层皮"的情况。

在安全架构的设计上，中国一汽将主动防御和进攻性防御融合，不断提升整体的安全能力。一是构建统一的安全管理体系。在网络安全和数智化委员会的统一领导下，由网安部门牵头，职能部门和分 / 子公司分工协作，建立职责清晰的网络安全工作机制。通过加强集团层面的安全统筹和管控，推动合规管理、风险评估、监督检查等工作的数智化转型，形成标准明确、流程在线、数据可视的一体化安全治理新模式。

二是打造全面的安全技术能力体系。围绕云计算、终端、网络、数据和应用等关键资产，结合 ATT&CK 安全攻击模型，识别各种潜在的网络攻击风险，重新设计技术防护体系，建立标准化的"安全能力库"。这些安全能力模块化、服务化，可以按需接入，实现即插即用。

三是将安全融入产品研发、上线、运行的全过程。秉持"安全左移"理念，从产品设计初期就介入安全防护。通过建设安全项目管理中心，集成威胁建模、漏洞检测、渗透测试等能力，为产品研发提供"高效 + 灵活"的安全支撑。同时，在产品上线运行时自动部署主机安全、微隔离、应用防火墙等技术，做到产品"入网即安全，上线即安全，运行即安全"。

四是提升安全实战运营能力。依托统一的安全态势感知平台，实时采集和分析应用、网络、主机、终端等各类安全日志，快速识别和响应安全威胁。组建内部攻防团队，模拟黑客攻击，常态化进行漏洞挖掘和攻防对抗，不断检验和优化安全策略，进一步提升整体防御能力。

6.4　本章小结

本章详细介绍了中国一汽基于 5A 架构的数智化转型整体方法论（见图 6-10），为其他企业的数智化转型提供了方法借鉴。

5A 架构以 TOGAF 为基础开拓创新，高度适配企业数智化转型的变革需求。数智化转型之初，企业往往面临系统冗余、IT 与业务脱节、数据治理混乱、员工缺乏全局观、系统协同困难等痛点，转型之路布满荆棘，TOGAF 成为破局利器（6.1 节）。

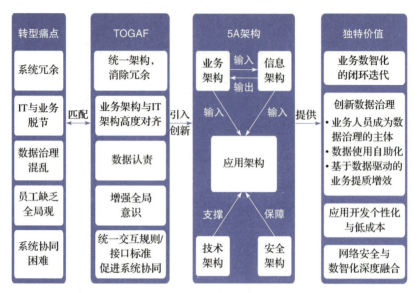

图 6-10　基于 5A 架构的数智化转型整体方法论的总结框架

　　企业以 TOGAF 为指导，将其从 4A 架构升级为 5A 架构，形成了基于 5A 架构的数智化转型整体方法论。具体而言，在业务架构、信息架构、应用架构、技术架构的基础上进一步强化了安全架构，同时将各架构紧密结合，形成一个围绕数智化转型目标的"一体五面"的有机整体，以快速响应业务战略调整和技术变化、精准控制和协调各方合作、促进 IT 和业务更好地融合（6.2 节）。在此基础上，公司探索出了 5A 架构管理方法的诸多独特价值，包括业务数智化的闭环迭代、创新数据治理、应用开发个性化与低成本，以及网络安全与数智化深度融合等（6.3 节）。

第 7 章

基于业务单元的
数字孪生

5A 架构为企业数智化转型提供了顶层设计，但是如何落地，仍然是企业面临的主要挑战。中国一汽提出了"业务单元"的概念和构建方法⊖，能够在原子级别实现业务的数字孪生，将顶层的业务架构落实到执行层面，并为信息、应用和技术架构提供重要输入内容。本章将介绍业务单元的三个方面：（1）为什么提出业务单元？（2）如何构建业务单元？（3）业务单元有哪些价值？

⊖ 门欣，孟祥月，张嵩印，王扬，蒋汉卿，王广，王智韬，姜莹. 以业务单元为核心的 5A 架构理论体系 [J]. 创新世界周刊，2024（08）：65-77.

7.1　业务单元的提出

7.1.1　业务架构存在的问题

业务架构作为 5A 架构的起点和核心，对信息架构、应用架构、技术架构和安全架构的设计有着重要的指引作用。业务架构决定了 5A 架构的有效性。然而，业务架构实践起来有难度，因而其指引作用也受到了限制。中国一汽体系数字化部总经理表示："传统企业在应用 TOGAF 的过程中，业务架构的应用仍停留在'纸上谈兵'层面，仅利用该方法将业务流程梳理清楚，并形成流程文件，之后便将这些文件束之高阁，没有产生显著的价值。"

业务架构是价值流、业务能力和业务流程的结构化设计，业务流程是业务架构的具体执行路径。业务流程管理中存在诸多缺陷，影响了业务架构的有效落地，主要缺陷包括：流程和执行脱节、流程冗余、多任务 / 多人协作困难。具体而言：

一是流程和执行脱节。企业形成流程设计书，将其录入 IT 系统，传统上，到这一步，就默认流程管理工作已完成。这种做法忽视了对员工具体动作和行为范式的细粒度管理，未能覆盖到产品或服务交付的"最后一公里"。流程文件成了摆设，未能指导实际的业务执行，未能有效规范员工的实际操作行为。流程和执行脱节会导致效率低下、业务交付质量难以保障等问题。

例如，中国一汽以往研发设计流程，只确定研发人员提交设计任务书的截止日期，却没有明确应该什么时间开始撰写、文稿应达到什么样的质量标准、最终交付的文稿需要包含哪些具体内容等细节。在这种情况下，研发人员很可能临近最后期限才匆忙开始写任务书，后续也按照自己的理解开展任务。这导致工作质量难以得到保障，且一旦出现其他临时事务，研发人员很难并行处理，可能导致交付延期。此外，只有在督查人员发现作业明显不合规时，研发人员才会重新查阅相关流程文档的要求。

二是流程冗余。业务架构强调要全面梳理业务流程，这往往会导致企业经历严重的流程焦虑，担心不完善的业务流程会阻碍转型进程。中国一汽的体系数字化部曾耗费大量精力和时间对流程进行全面梳理，最终形成的流程文件堆积如山。不仅如此，每当出现新的业务需求，企业通常会新增流程以应对变化，而非调整和优化现有流程。这导致流程不断增加，许多流程逐渐沦为摆设。

三是多任务 / 多人协作困难。一位整车研发人员表示："整车开发周期长、复杂度高，涉及研发、供应、生产、销售等多个环节，上千人共同参与。尽管企业设置了多级控制节点来审核，但业务流程执行过程缺乏透明度，协作仍然依赖线下沟通、人工点检和文件流转。这种割裂、低效的管理模式不仅会导致信息传递滞后、部门间协作困难，也会直接影响整车项目的最终交付。"另外，业务人员往往无法清晰地了解自己工作的前后环节，难以掌握工作的整体节奏。单一环节的工作开始得太早或太晚，都会影响整体交付进度。

业务架构存在缺陷，会影响到它对 5A 架构中其他架构的指引作用，阻碍整体架构的价值实现。因此，解决业务架构的缺陷，不仅是推动 5A 架构有效落地的关键，也是实现企业数智化转型的重要课题。

7.1.2 探索解决方案——业务单元

中国一汽对标行业先进实践，开启了标准化业务流程的梳理。中国一汽体系数字化部总经理着重强调了标准化业务流程的执行效果："管理标准的任务不只是管理标准文件，而是要保证和提升我们产品的质量。"恰逢此时，董事长深受研发总院关于拆解零件结构的汇报的启发，他立即做出管理指示，将所有业务流程通过解耦，使之组件化、能力化、服务化。中国一汽体系数字化部总经理收到指示后，联想到了自己将电池板拆解为电池单元的经历，认为企业的各个业务流程也可以被解耦为业务单元，并将通用的业务单元进行封装和整合，使其在不同的应用场景中可以复用，从而提高整体运营效率、减少重复劳动。如果某业务单元的输出能与其他业务单元的输入对应，就说明前者是有价值的，就如同电池板中的有效电池单元。业务单元，经过细微调整，可以敏捷应对市场与技术的变化，提升整体业务流程的竞争力。他表示："将所有业务流程解耦为业务单元，企业通过识别和整合相同的业务单元，可以实现面向更多场景的业务单元复用。"基于此，中国一汽正式确定了以业务单元为核心来梳理业务流程。

同时，中国一汽发现业务单元的出现有望解决业务架构中存在的流程管理问题：（1）针对业务流程和实际执行脱节问题，业务单元是业务流程的最小颗粒，定义和规范业务单元有助于将传统的流程文件转换为驱动员工实际执行的任务流。（2）针对流程冗余问题，通过局部调整业务单元，就可以应对需求变化，避免新增业务流程而导致冗余。（3）针对多任务 / 多人协作困难问题，类似于正负极相连的电池组件，业务单元之间的连接也具有顺序性，可以凭借输入和输出内容自动连线（即上游业务单元的输出是下游业务单元的输入），多任务 / 多人间的协作关系一目了然，每位成员都能清晰了解自身任务的前后衔接，减少沟通成本，提高反应速度。

基于此，中国一汽正式提出了"业务单元"的概念。它是将业务流程解耦后的最小可执行的、有价值的单元。通过定义每个业务单元对应的角色、标准、规则、输入输出和关键控制点（7.2.2 小节），每个员工都能知道在什么时间、做什么事情、按照什么步骤、达到什么标准。企业对业务单元进行梳理和优化的过程，本质是提升自身价值创造能力的过程。

7.2　构建业务单元：解耦、定义、上线和复用、动态评估与迭代

企业构建业务单元需要经历解耦、定义、上线和复用、动态评估与迭代四个关键阶段（见图 7-1）。

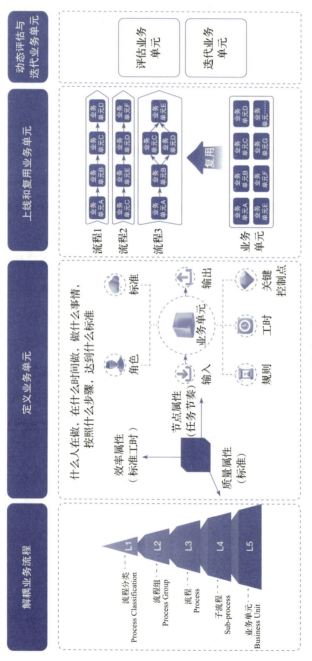

图 7-1 构建业务单元的过程

7.2.1　解耦业务流程

为了管理复杂且数量繁多的业务流程，企业可以对流程按层级解耦（见图 7-1 左）：第一层（L1）是流程分类，它是从用户价值出发来对流程做分类，体现的是企业的业务模式和价值链特点；第二层（L2）是在 L1 的基础上，继续按照业务运作逻辑相似性和相关性对流程进行分类，形成流程组；第三层（L3）是继续识别流程组（L2）中的流程，用于描述具体的业务活动链，实现为用户提供有价值的产品和服务的目的；第四层（L4）是将 L3 中的流程进一步拆解为多个可操作的子流程；第五层（L5）是业务单元，即将子流程继续解耦至基于角色的可执行单元，体现为业务操作层面的具体动作。

例如，IPD 产品诞生是 L1 级流程。该流程可被拆解为产品战略规划管理流程、整车产品诞生主流程、产品生命周期管理流程 3 条 L2 级流程。其中，整车产品诞生主流程可以被拆解为整车产品策划流程、整车造型开发流程、整车产品开发流程、整车产品采购流程、新产品上市管理流程等 14 条 L3 级流程。整车产品采购流程又可以被拆解为生产材料采购项目策划及管理流程、生产材料采购供应商选择与确定流程、生产材料生产准备跟踪流程 3 条 L4 级流程。生产材料采购供应商选择与确定流程又可以继续被解耦为原子级的业务单元，比如采购询价、采购决裁、合同签署等。

企业将业务流程解耦为业务单元，需要遵循一定的方法和步骤。

第一，识别有价值的业务流程。过去，业务人员提出需求后，数字化部门会立刻围绕这些需求搭建应用系统，而不审视需求是否合理。而现在，业务人员提出需求后，数字化部门需要明确该业务流程的目标和价值是什么？该业务流程的输出对于主价值流起到了什么作用？该业务流程有几类上下游用户？

第二，明确原子级业务单元的判定标准。为了避免业务单元拆解得过粗，不利于指导实际操作，也为了避免业务单元拆解得过细，造成资源浪费和管理复杂化，企业需要明确到底要将流程解耦至何种程度的业务单元。业务单元的拆解原则：（1）业务单元不能跨角色，不能跨用户。强调每个业务单元应由单一角色或用户独立完成，避免权责不清和协作低效等问题。（2）同一角色所执行的业务单元的交付物之间不能存在相互依赖的关系，否则会形成串行流程，导致效率变低。（3）每一个业务单元都有稳定的、完整的、有价值的输入和输出，保障业务单元的有效性，避免冗余。

第三，自上而下解耦与自下而上迭代相结合。一方面，通过自上而下的方式，管理层按照关键节点将整体业务流程分解为多个业务单元，确保业务单元的完善和一致，最大限度地保障业务流程的逻辑性和连贯性。另一方面，为了帮助员工理解"自己到底要干什么、怎么干"，还需要通过自下而上的方式，即从员工的实际操作出发，根据工作需求逐步优化和调整业务单元，确保其能够真实反映实际操作。这两种方式相互补充，既可以避免由业务单元的过度细化和冗余导致的系统复杂度和管理难度增加，也可以在解耦业务流程的同时，充分考虑到员工的操作需求和体验。

第四，确定负责解耦工作的关键人员。业务架构师主要负责梳理业务需求文档，从专业角度对业务单元的构成要素进行定义（7.2.2 小节），为信息架构的业务对象和应用架构的应用组件提供重要输入。项目经理负责统筹和协调各类资源，确保解耦工作按计划推进。在完成业务单元的梳理后，业务总监、战队长和综合总体组对业务单元的质量层层把关，确保业务单元具有合理性、可操作性和战略一致性。这一责任机制可以保证业务单元的质量，为后续实施提供坚实的基础。

7.2.2　定义业务单元

业务单元具有三类属性：效率属性（明确完成任务的标准工时和需要具备的能力等）、节点属性（明确任务节奏，即什么时间开始执行作业）、质量属性（明确任务的标准和技术规范）。对这三类属性进一步细化，业务单元包括角色、输入输出、规则、标准、关键控制点、工时等构成要素。

角色是指在特定情境或业务流程中，一个人或一组人承担的职能或行为模式。设置角色需要遵循以下原则：（1）"共用"角色（例如财务审核人员）需要经过统一规划。（2）角色应根据业务对象之间的关联性，合理划分或整合，避免角色设置过度分散或过度集中，造成管理复杂度增加或职责难以明确。（3）角色必须彼此独立，不能出现业务交叉或重叠，否则就会导致管理混乱。（4）角色的名称应该清晰反映其职能，而不是按照组织架构命名，如"××部专员"。（5）角色的划分不应依据组织架构、岗位级别或系统功能，而应基于业务逻辑，确保其符合业务视角。

（6）每个角色都应该对应明确的业务单元，确保所有业务单元都有相应的角色来执行。通过业务单元使角色和工作任务形成闭环连接，即基于角色，以"智能工作流"方式推动开展日常业务，实现"任务找人"。

输入输出是指流程中各业务单元的输入和输出对象，包括数据以及承载数据的表、证、单、书。业务单元的输入输出要素为信息架构识别业务对象提供了重要输入内容，进一步将所有业务要素结构化。输入要素包括业务要素编号、名称、输入类型、输入角色编号以及输入角色，输出要素包括业务要素编号、名称、输出类型、评价标准、评审级别以及接收角色等。前者需要高效地管理信息入口，确保输入流程的信息质量较高，并且具备标准化，这样流程才能有效跑通；后者需要满足下游的数据需求，否则会导致该业务单元无效。

规则是指在特定业务场景、条件和约束下，为实现业务目标，业务单元需要遵循的要求和规定。规则可以确保角色都按照相同的要求来操作，保障业务的一致性和合规性。规则为流程自动化决策和处理打下了良好的基础，从而减少了人工干预。规则还可以被灵活地定义和修改，使业务单元可以被高效复制和修改，从而使企业更快地适应市场和技术变化，实现业务创新和技术变革。

标准被用于衡量和评估业务过程及结果的达成情况。它具体规定了业务需要实现的目标、规范、质量要求和绩效水平，确保业务过程的一致性、结果的可衡量性，以及交付的结果符合预期。这些标准可以基于行业最佳实践、法律法规、企业内部要求或用户需求制定，并在业务实施过程中起到指导和约束的作用。

企业明确和管理业务规则与标准的步骤如下：（1）不同业务对应不同类型的规则，需要梳理业务流程的关键节点，以此设立相应标准。（2）在梳理业务规则和标准的基础上，将其沉淀到云工作台的能力中心，实现线上管理。能力中心里包含规则标准目录的查询、创建、变更、授权及发布等功能。例如，员工在撰写设备文书时，不用手动查阅设备标准，而是直接在云工作台上检索所有设备的信息。（3）在调用规则和标准指导业务运作之后，通常需要评估遵守该规则和标准的业务效果，由此分析规则和标准的适用性以及是否需要更新。

关键控制点可以被用来衡量业务单元在其所处的业务流程中对资金流、物流、信息流的影响程度。明确关键控制点，不仅可以提醒操作人员增强关注度，还能够帮助企业达成共识——在这些关键控制点上采取更高的管理标准，保障业务目标的实现。

工时被用于衡量任务执行效率，是指完成业务单元对应的某项任务所需的标准工时。任务总工时是指员工实际工时的年度累计值（通过云工作台统计得出），通常会将其与员工年度工时基准进行对比。若任务总工时超出员工年度工时上限，则说明人员不足或能力不达标；若低于下限，则说明任务识别不完整或人员工作不够饱和。

下面举一个“采购询价”业务单元的实例，来具体讲解业务单元的构成要素。角色是指采购管理工程师。输入为研发设计任务书，具体包括设计任务书编号、名称、版本号、设计师、零件数据、零件号、单车用量等。输出为询价单，具体包括项目代码、报价请求编号、报价请求类型、报价请求状态、材料组代码、技术描述代码、零件号等。规则有：①同一包不允许拆分发包，同一材料组、不同包可合并发包；②必须指定工装费和开发费的支付方式，如果工装费的支付方式是分摊支付，那就必须指定分摊周期；③创建一轮询价时，须明确发包的计划时间，可依据发包的实际，参考发包的基准时间。标准包括数据格式、字段完整性、数据安全标准等，如"采购询价编号"格式为 XJ- 年份 + 月份 + 四位流水号，"报价请求状态"被限制为草稿、询价中、询价结束、上会申请中、已完成五种状态。关键控制点明确该业务单元对于资金流、物流和信息流的重要性，包括标明其是否对资金结算、成本控制以及财务合同纠纷等产生直接影响，是不是物流开始（如出库、装运）或核心中转的触发点，是否生成流程后续所依赖的核心数据对象（如技术参数、询价单），等等。工时包括完成一份标准询价单所需要的时间。

7.2.3 上线和复用业务单元

为什么要上线业务单元？这是因为大型企业繁多的业务流程并非孤立存在，而是相互关联、协同运行的。如果缺乏在线化支持，流程之间错综复杂的关系很难靠手工绘图呈现出来。业务单元只有在线化，才能驱动业务流程自动化、孪生和积累真实的业务数据，真正发挥价值。另外，只有通过利用率指标等真实数据加以验证，才能说明业务单元的有效性。

为什么要复用业务单元？这是为了降低企业内部繁多业务流

程解耦的复杂度。业务单元具有灵活、可重组、可复用等特征，根据其输入输出要素，可以进行连通和自由组合。将业务单元作为企业架构资产沉淀后，企业在进入新行业或开发新业务时，只需调用已有的业务单元，就可以迅速拼装成一个有效的业务流程，不必从零开始。这不仅可以提升流程搭建的效率，也可以有效避免流程冗余。

为了实现业务单元的上线和复用，中国一汽自主研发了基于业务单元的业务架构管理平台——EAMAP（Enterprise Architecture Map），以及基于角色的云工作台。

EAMAP 是存放业务单元的"货架"，同时支持业务单元的复用和组装以搭建业务流程。流程搭建完成后，EAMAP 平台会根据内置检测模型，自动审阅业务单元间的连通关系，识别存在的断点、孤点、环点等问题，省去耗时耗力的人工检查。此外，该平台还可以通过一张"业务单元连通图"将上下游流程的集成关系直观呈现，有助于实现端到端业务流程重构以及跨部门协同。

基于角色的云工作台是支撑业务单元在线化运行的载体（详见第 11 章），能够实现自动化的任务分发，并驱动任务执行。任务分发方面，云工作台根据 EAMAP 平台设定的业务流程，以及业务单元的输入输出、角色和工时等要素，在恰当的时间将任务自动分发给合适的人员。具体而言，云工作台通过关系型、时间型、事件型和周期型四种任务分发模式，自动将任务分发给相应人员。关系型模式是指前后序业务单元之间存在依赖关系，只有当前序业务单元对应的任务完成后，才能触发后序任务；若前序任务延期，后续任务也将相应延迟。时间型模式是指按照时间计划表分发任务，时间计划表以业务单元的工时属性和输入输出属性为主要依据。事件型（又称突发型）模式是指特定事件触发相关任务。例如，突发的售后问题会触发与产品和服务改进相关的任务。周期型模式是指在每个周期内重复触发相关任务。例如，云工作台每周五将点检会议任务推送给相关人员。任务执行方面，云工作台能够将任务执行步骤等信息呈现给每个人员，并监控任务执行的实际情况，同时积累和分析任务执行过程中产生的数据，为业务决策和业务改善提供支持。

业务单元的复用依赖 EAMAP 和云工作台的协同配合。EAMAP 上的业务单元如同乐高积木，具备高度模块化的特征；而云工作台则根据不断变化的前端业务场景和各级管理者的需求，灵活调用这些成熟的业务单元，从而实现 EAMAP 上业务单元的高阶复用和快速响应。例如，"采购询价"业务单元作为架构资产沉淀在 EAMAP 上，它可以被采购工程师通过工作台调用，既可以用于新项目定点定价流程，还可以用于生准定价流程、设变定价流程、量产定价流程、备件定价流程等。

7.2.4　动态评估与迭代业务单元

当企业迈入数智化转型的深化阶段时，旧的业务单元可能会被替代，新的业务单元可能随时产生。因此，企业需要动态评估与迭代业务单元。

EAMAP 封装了业务单元治理模型，赋能企业开展业务单元的治理工作。具体而言，EAMAP 提供了业务全景评价模型、用

户及价值流治理模型、流程治理模型、业务单元治理模型等多个
模型。通过实时采集并分析云工作台上业务单元的执行数据，自
动生成架构运营报告。凭借此报告，业务架构工程师可以对业务
流程和业务单元的协同情况、流程上线情况、线上作业执行情
况、流程效能达成情况开展全面分析，实时掌握业务架构资产建
设情况和运行状态。同时，工程师可以快速定位现存业务问题，
自动推送架构优化任务，助推新一轮的架构迭代工作。

　　此外，企业还需要在管理机制上保障业务单元的动态评估
与持续迭代。中国一汽采用"周评审"机制，每周对业务单元进
行评审，及时发现并修正问题，通过实际运营数据评估优化后的
业务单元是否真正提升了业务相关指标。同时，中国一汽根据各
工作台中业务单元执行所产生的数据，分析各部门资源分配和使
用、业务模式的演进情况。针对偶发性的创新业务，中国一汽采
用"年总结"机制，每年进行总结，评估这些业务是否具有转变
为长期性业务的潜力。如有需要，则固化相应流程，定期归纳和
标准化业务单元，沉淀为架构资产。

7.3　业务单元的价值

7.3.1　流程与执行高度对齐

　　过去，公司传统业务架构存在流程和实际执行脱节的问题。
为了解决这一痛点，公司将业务流程解耦至业务单元，使员工可

以清晰地了解特定业务场景的业务规则，并获得配套的工具与方法支持。这种方式将管理颗粒度从传统的流程层面细化到实际操作层面，通过业务单元的精细化设计，规范员工的执行动作，实现流程与执行的高度对齐。

具体而言，云工作台将原本线下的业务操作搬到线上，并根据业务单元的关键要素，明确规定员工的执行步骤与操作标准，同时明确告知其上下游的协作对象。云工作台还会实时记录和监督员工执行业务的全过程。如果员工不按照标准执行，EAMAP就会爆红灯，及时干预违规行为，有效遏制自利倾向。例如，过去 CSP 战队会给经销商制定业绩目标，但在实际执行过程中经销商会依据自身利益诉求随意调整目标。而现在，业务单元内置规则和标准，不允许任意调整，经销商必须执行战队制定的业绩目标。再比如，过去营销中心常会向经销商、代理商和品牌商的终端门店推荐业务线索，但关于线索的后续推进过程往往不透明，无法监督它们到底有没有努力去促成业务，导致许多线索最终被浪费。而现在，从线索跟进、成交到售后的全流程都被解耦为标准化的业务单元，并且全部实现线上化。系统驱动这些业务单元的自动执行，整个业务执行过程也清晰可见。在这种标准化管理模式下，渠道管理效率得到了大幅提高。

7.3.2　大规模复杂流程协作

过去，企业传统业务架构存在多任务 / 多人协作困难的问题。而现在，业务单元的提出使大规模、复杂流程的高效协作成为可能。首先，业务单元实现了协作流程的自动化连通。以往协作流程依赖人工绘制流程图，然后基于这些图进行跨部门讨论和推进，效率低下，也容易出错。现在，通过将所有业务流程细化到原子级的业务单元，EAMAP 能够自动识别业务单元之间的关联，自动连通。无论业务协作流程多么复杂，都可以自动生成精确的流程图，直观地展示不同业务单元及其角色之间的交互关系。这不仅大幅提高了跨部门协作的效率，还确保了协作流程的准确性。

其次，将业务执行从单链条的串行转变为多链条的并行。过去，由于企业内部门墙明显，信息传递实时性差，导致部门间业务流程相对固化，进而形成了"交接棒式"的串行流程，即任务按一定顺序依次执行。现在，通过业务单元多对多的连通关系，将两两协作的串行作业转变为多方协同的并行作业，打破距离和时间等各种限制，提高了整体业务流程的响应速度和处理能力。

7.3.3 强化数据赋能管理

业务单元中积累的数据可以赋能业务管理，体现在三个方面。第一，利用业务单元，可以实现基于数据洞察的计划管理，确保计划落地。具体而言，通过业务单元将业务流程结构化，使流程数据变得可获得、可分析、可评价。关于业务单元中积累的实际工时数据，横向对比，可以评估员工的工作效率；纵向叠加，可以为整个计划的时间分配提供指导。此外，通过云工作台自动推送任务给相关角色，把计划转化为具体任务，可以实现从计划到执行的闭环管理。

第二，以业务单元为抓手，可以提升流程管理的效能。作为最小可执行的业务单元，每个单元的微小改进最终会显著提升整个业务流程的竞争力。基于业务单元运营过程中积累的大量数据，企业可以通过数据分析找到整个流程的改善点，并据此调整相关业务单元以迭代业务流程。这一模式不仅降低了流程变更的成本，还简化了流程再造的复杂度。

第三，业务单元的应用可以促使工作和决策方式发生转变。管理者不再盲目听取 PPT 汇报做决策，而是通过业务单元直接采集数据，依据数据模型的分析结果做出科学决策。此外，员工的工作主动性也显著提高。例如，在过去的要客管理流程中，营销人员只是被动接受业务线索，而现在该流程通过业务单元实现结构化，所有线索和客户数据全面上线，并建立了线索评级和客户评级模型。基于数据分析的结果，营销人员可以主动地跟进线索和客户。

7.3.4　IT 与业务高度对齐

过去，企业面临 IT 与业务脱节的问题，主要表现为：IT 人员与业务人员之间沟通不畅，业务架构与应用架构、信息架构等 IT 架构之间缺乏一致性，等等。而现在，业务人员可以直接定义业务单元，根据角色、规则、标准、明确的输入输出以及关键控制点等构成要素，让 IT 人员更准确地理解业务需求。同时，业务单元各要素的数据可以反映员工执行业务的实际情况，应用系统可以直接调用这些数据开展模型分析，确保 IT 与业务的数据一致，提高数据治理的质量。除此之外，业务单元的模块化特征不仅支持企业灵活调整业务流程，更通过与信息架构、应用架构的强映射，形成传导机制，即当业务需求引起业务架构发生变化时，其余架构同样可以快速响应与精准调整。

7.4 本章小结

业务架构作为 5A 架构的起点和核心，对整体架构的设计与开发起到重要作用。本章详细介绍了以业务单元为最小对象解耦业务流程的业务架构管理方法，以业务单元联结现实世界与数字世界，通过业务单元线上化，实现业务的数字孪生（见图 7-2）。

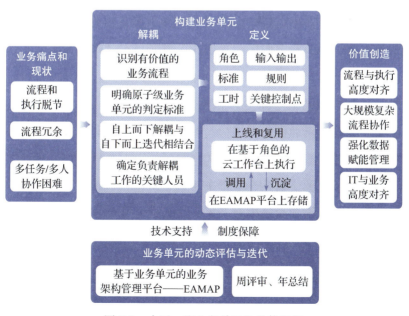

图 7-2 中国一汽业务单元的总体框架

　　传统业务架构面临流程和执行脱节、流程冗余、多任务 / 多人协作困难等问题。面对这些问题，企业可以采用业务单元，即以可执行的最小原子级单元精细化地解耦和管理业务流程，规范化业务流程的落地，显著提高流程的协作效率。业务单元包含角色、标准、规则、输入输出和关键控制点等要素，让每个员工都能知道在什么时间、做什么事情、按照什么步骤、达到什么标准（7.1 节）。

　　构建业务单元一般要经历四个关键步骤：第一，将业务流程解耦为业务单元，具体方法和步骤包括识别有价值的业务流程、明确原子级业务单元的判定标准、自上而下解耦与自下而上迭代相结合、确定负责解耦工作的关键人员；第二，定义业务单元的角色、输入输出、规则、标准、关键控制点和工时等，驱动流程自动执行、保障业务架构与 IT 架构的映射关系；第三，上线业务单元实现业务的数字孪生，复用业务单元，有效降低冗余，实现敏捷的业务流程调整；第四，对业务单元开展动态评估与迭代，赋予其持续成长的生命力。利用 EAMAP 平台封装的治理模型，推动业务单元自动优化和迭代，同时确立周评审和年总结等业务单元管理机制（7.2 节）。

　　业务单元的应用为企业带来了诸多价值，包括实现流程与执行高度对齐、推动大规模复杂流程协作、强化数据赋能管理、实现 IT 与业务高度对齐（7.3 节）。

| 第 8 章 |

业务单元运营驱动
效能增长

以业务单元为管理主体的发展阶段逐步完成后，企业进入以业务单元运营推动效能增长的阶段。为有效支撑并推进这一过程，企业需深度挖掘数据资源潜力，强化精细化管理能力，推动效率变革和质量变革，构建起数智化业务运营体系。随着企业 100% 业务数字孪生目标的实现，业务数据急剧增长，各级管理者应更加重视利用数据赋能业务运营，力求将数据价值渗透至业务单元，以数据赋能业务。因此，企业可以依托深入的数据分析洞察，建立指标评价体系，促进资源优化配置，激发业务管理自我驱动，以实现业务效能最低提升 100% 的目标。

8.1 建立灯塔指标体系

为了打破传统业务模式的束缚，构建起更加灵活、高效、协同的运营体系，实现业务的快速迭代和资源的优化配置，企业可以通过设置灯塔指标来指引业务的前进方向，推进每一条流程的业务效能提升，建立指标与真实业务之间的逻辑关系。

灯塔指标体系在设计上遵循第一性原则、可量化原则和挑战性原则，以确保其科学性、实用性和激励性。中国一汽体系数字化部总经理认为："关于指标，要建立采集模型、监控模型，不能靠人算指标，要全部通过系统直采和自动计算，指标要能实时反映业务状态，能支持业务效能增长。"

第一性原则。该原则强调指标与业务实践的紧密结合，即每一项灯塔指标都需直接服务于实际业务需求，旨在通过精准的目标设定推动业务的持续进步。

以招聘完成率指标为例，该指标被用于衡量招聘业务的完成情况。依据第一性原则，该指标并不能起到指引业务发展、推动业务增长的作用，因为招聘业务的完成是硬性标准，完成率不等于完成质量，需将其修改为招聘完成时长、人岗匹配程度等灯塔指标，以促进业务持续发展。

可量化原则。这一原则是灯塔指标体系的重要设定依据，根据该原则，所有指标都必须具备明确的量化标准，可收集、整理与分析数据，客观展现完成情况。这一原则不仅提升了指标的可比性，也为管理者做决策提供了更为坚实的数据支持，使企业能够基于事实进行精准调控。

例如，在中国一汽营销灯塔指标体系中，曝光量、点击量、有效线索量以及有效订单量等都是可以直接用数据来评价的指标。

挑战性原则。灯塔指标必须具备一定的完成难度，有挑战性，以激发组织与个人的潜能，推动其不断取得突破。同时，企业还需根据业务发展的实际情况对已经设立的灯塔指标进行动态调整，改进优化灯塔指标，确保其始终处在合理的难度区间，既不因过于简单而失去激励作用，也不因过于困难而挫伤积极性。

中国一汽引入转型价值度量模型（Transformation Achievement Measurement，TAM），精心构建了覆盖供应链管理、生产制造、产品销售、客户服务、财务管理等多个关键领域的灯塔指标体系。这一体系不仅全面覆盖了中国一汽运营的各个环节，还细化至各部门的具体业务流程与操作规范，为中国一汽优化流程、提升效率和增强竞争力提供了强有力的支撑。

中国一汽的灯塔指标体系总共包括三大类，一是在财务和客户层面对价值进行度量的结果类指标；二是支撑结果达成所需竞争力的能力类指标；三是支撑业务能力提升的管理体系类指标（见图 8-1）。结果类指标包含财务和客户两类指标，财务类指标从现金流、规模增长、盈利和成本来衡量整个项目的实际产出是否达到预期；客户类指标用于衡量项目执行后客户满意度是否提升。能力类指标指竞争力是否有明显改善和提升，围绕效率、质量、柔性和风险几个方面，其中效率指在投入一定资源（如时间、设备、劳动力等）的情况下，所能产出的成果或完成任务的速度；质量指产品、服务等的水平；柔性指能够快速应对客户需求变化；风险指企业经营风险。管理体系类指标从流程优化、数据服务和 IT 应用三个角度来衡量项目的改进和提升。

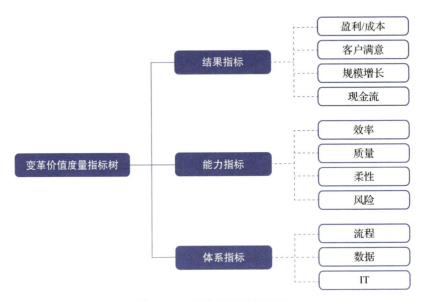

图 8-1　变革价值度量指标树

以 EOM 战队为例，从结果类、能力类、管理体系类三个维度出发，设立了利润率、资金价值创造率、管理要求当日满足率、股份公司月度报表出具时长等指标。

8.2　基于数据优化业务运营

在明确了业务单元运营的核心需求与业务流程逻辑框架后，企业需着手对其云工作台进行全面升级与重构，战略性地逐步推进，实现业务效能最低提升 100% 的目标。

中国一汽将数据置于业务单元运营的核心位置，视其为引领集团数智化转型的关键引擎。中国一汽体系数字化部总经理强调，业务单元运营需秉持基于数据优化业务运营的原则，确保数据能够满足实际业务；同时，应将数据视为核心资产、技术作为驱动力、人才作为坚实支撑，共同构建起一个能够快速响应业务需求、激发业务活力的数智化运营体系。具体包括以下三个步骤：

第一步，沉淀业务单元孪生数据，将数据汇总至云原生平台数据库形成数据中心。沉淀业务单元数据的目的在于对人员和组织进行数智化赋能，沉淀数据不仅能够提升业务流程的透明度和效率，实现业务流程的数智化转型，而且可以将数据作为企业未来的核心竞争力，增强企业的创新能力和应变能力，为企业的可持续发展奠定坚实基础。

第二步，用数据评价各业务灯塔指标的完成情况，根据评价结果优化业务。通过这一举措，企业能够促进业务数据的价值化与高效处理，强化数据对业务的赋能作用，以显著提升整体运营效能。

例如，中国一汽通过设计模型并打造数据驾驶舱，向管理者展示部门的运营状况。管理者可以通过仪表盘看到各业务灯塔指标完成情况（见图 8-2），清楚地看到哪些指标没有完成，触发任务对没有完成的指标进行深入剖析，找出指标没有达成的原因，并进一步查清问题所在，及时纠正偏差，对业务单元和流程进行改进。

在开展业务单元运营的过程当中，各个业务流程每天都可能优化和创新业务单元，旧的业务单元可能被替代，新的业务单元可能被增加，实现业务单元的更新。企业需评估更新后的业务单元所对应的指标的提升度。这一过程被称为"固化"，即让数据思维深深扎根于企业的日常运营，成为不可或缺的一部分。随着这一阶段的深入，企业通过获取数据反馈，及时发现并解决存在的问题，从而不断优化业务流程，提升工作质量和效率，实现业务运营效能的螺旋式循环上升。

图 8-2 中国一汽 EOM 灯塔指标运营看板（示意图）

此外，在仪表盘上管理者还能看到每个业务单元的工时和任务完成情况，其中包括每个人的具体工时和业务单元对应的标准工时。通过工时来衡量每个人的工作效率，若员工的工时高于标准工时，说明其效率低下，管理者会对该员工进行有针对性的帮助。而对于工时显著低于标准工时、效率高的员工，管理者会对其操作进行总结和数据分析，评估其效率高的原因。随后将这些操作总结为最佳实践，形成业务标准，沉淀为企业核心能力，并将该能力进行横向培训扩展，实现能力的迁移。产生的最佳实践被存储在 EAMAP 上，员工可以实时查阅、更新和共享，以此来帮助效率低的员工提升工作效率，最终推动员工整体平均工时的降低。同时，在日常工作中，员工也可以在自己的工作台上看到自己和别人的工时，并将自己的工时与标准工时进行比较，若超过标准工时，员工会形成自身业务持续优化的自驱力，主动学习，对自己的业务进行改进，提高工作效率。当所有员工的实际工时都比标准工时低时，系统会自动触发标准工时修订任务，此时需要管理者对标准工时进行适度调整。

运用智能化解决方案与大数据处理能力，精准识别业务数据和员工工作情况，能够为管理提供有力支持，推动业务模式的深刻变革与持续优化。这一过程不仅增强了管理的科学性与前瞻性，还促进了业务效能的提升，使企业具备核心竞争优势与可持续发展能力。

第三步，深度挖掘数据潜能，实现数据的业务赋能与价值最大化。与第二步的管理层主导、自上而下的推动方式不同，此阶段强调自下而上的数智化实践，鼓励一线业务人员积极利用数据。企业通过持续的数据积累，结合先进的数字技术，以及软件、管理与业务领域的全面数智化转型，为企业业务注入更强的智能元素。具体而言，学习数据科学、大数据分析、机器学习等前沿技术，员工不仅能够掌握先进的数据分析工具和方法，具备数据分析、数据挖掘等基本技能，还能够运用数据指导实际工作，挖掘数据背后的隐藏价值，为公司的业务模式提供有力支撑。

在企业的日常运营中，员工通过深入的数据分析能够挖掘出潜在的业务增长点，精准预测市场趋势的变化，并据此优化资源配置，使决策过程更加科学、高效。以库存管理为例，库存管理人员能够通过回顾并分析历史销售数据，结合当前市场动态，精准预测未来一段时间内的销售趋势。这种预测能力使库存水平得以动态调整，既避免了因库存过剩导致的资金占用和额外存储成本，又有效预防了因库存不足而错失销售机会的情况，可以显著提升资金周转率，降低整体经营成本。

同样，在营销领域，数据分析也展现出巨大价值。营销人员面对新客户时，不再仅凭直觉或经验来判断，而是能够借助已有数据，快速识别与新客户具有相似特征（如性别、年龄、职业等）的老客户群体。通过分析这些老客户的购买行为和偏好，营销人员能够推断出新客户的潜在需求，进而实施个性化、定制化的营销策略。这不仅可以提高营销活动的精准度和有效性，还可以极大地提升客户体验，促进销售业绩的提升。

此外，云工作台作为企业内部沟通的核心平台，其功能的深度拓展与升级，进一步凸显了数据共享与跨部门协作的关键作用。在云原生技术的强大支撑下，云工作台不仅实现了数据信息的无缝对接与流通，还巧妙地打破了传统部门壁垒，特别是加强了财务部门与业务部门之间的紧密联系。这种协同机制的建立，使财务部门的数据能够被实时、准确地传递给业务部门，为业务决策提供坚实的支撑，推动业务运作向更加精细化、高效的方向迈进。研发部门在做成本预算时，得以直接调用财务部门提供的详尽数据，从而更加精准地评估研发项目的经济费用，有效控制成本，优化资源配置，为企业的可持续发展奠定坚实基础。

为了进一步挖掘数据潜力、驱动业务模式跃迁，企业还可以引入 GPT-BI 系统建设（13.3.1 小节）。这一举措充分利用 AI 大模型的强大能力，通过深度学习与数据分析，为企业的业务决策提供智能化支持，辅助管理者和员工的日常工作，提升工作效率与决策质量。

8.3　通过运营报告监管运营成效

为监管每个部门的业务单元运营成效，须每个部门每个月出具一份运营报告，来向高层领导汇报，在运营报告上详细地展示该部门的运营状况。以中国一汽运营报告为例，通过 14 项指标来衡量部门的运营成效，具体包括流程应上线尽上线、效益达成情况、效率提升情况、运营任务完成情况四个维度，其中流程应上线尽上线包括核心流程上线率、核心流程在线率、流程连通率和管理者工作台上线情况，效益达成情况包括作战令—财务价值、作战令—编制优化、作战令—人员转型、运营指标达成率，效率提升情况包括负荷正常人员占比、流程智能化率、任务关闭率，运营任务完成情况包括 KOL（关键意见领袖）意见解决率、KOL 正面发生占比、KOL 负面发生占比（中国一汽营销中心运营报告见图 8-3）。需要说明的是，8.1 节中的 TAM 模型是衡量转型项目价值的总体指标，运营报告中的指标是对总体指标的细化，是在业务单元层面评价具体作业情况的过程运营指标。

图 8-3　运营报告（示意图）

　　运营报告在业务单元运营中扮演着至关重要的角色。它能够向高层领导展示本部门业务单元运营的成效。通过翔实的数据与清晰的图表，高层领导能够直观把握部门的整体运营状况，迅速识别出哪些运营指标尚未达成，以及这些未达成的指标背后的具体细节。这种透明度不仅增强了管理的精准性，也为高层决策提供了坚实的数据支持。

中国一汽体系数字化部总经理说："记得在我们推行运营报告后的第一次数字化变革指导委员会上，当时有两个战队汇报了各自的运营状况，汇报完董事长特别高兴，说看到的不仅是大家的成绩，更多的是通过运营报告反映出来的问题。之前大家可能只报喜不报忧，把大量的问题都回避掉了，现在通过运营报告的方式，很多问题都能直观呈现出来了。"

运营报告对部门内部而言，是推动业务持续优化与提升的重要工具。通过对运营报告中未达成指标的深入剖析，团队能够系统性地追溯问题根源，无论是流程的缺陷、资源配置的不合理，还是人员能力的不足，都能得到全面的审视。这一过程促进了问题的及时暴露与解决，确保业务运营中的偏差得以迅速纠正，并通过持续改进机制，不断优化业务流程，提升运营效率与质量，最终保障企业整体运营目标的顺利实现。

8.4　本章小结

本章详细介绍了企业业务单元运营的方式与关键举措（见图 8-4）。在实现 100% 业务数字孪生的目标后，业务数据急剧增长，各级管理者的数据意识也在逐渐增强，日益重视通过数据赋能业务运营，力求将数据价值渗透至业务单元，确保数据能够指导业务工作。因此，企业需确立以业务单元运营驱动效能增长的发展模式，首先，基于第一性原则、可量化原则以及挑战性原则设计符合业务需求的灯塔指标体系（8.1 节）。其次，基于业务单元被数字孪生后沉淀的数据，构建可以被随时调用的数据中心，用数据评价灯塔指标赋能业务，以此来推动业务增长，促进业务发展，实现业务效能最低提升 100% 的目标（8.2 节）。最后，为每个部门设计运营报告，要求各部门通过运营报告的形式来展示本部门的业务单元运营情况，以此来监管各战队的运营成效（8.3 节）。

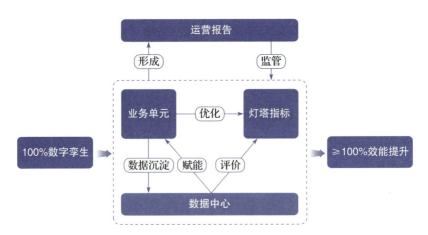

图 8-4　业务单元运营驱动效能增长的框架

第 9 章

业务单元驱动组织建设

业务单元与组织建设相互影响。一方面，组织建设是业务单元落地的前提和保障。另一方面，业务单元能够驱动组织建设，反向优化组织架构、驱动人员能力构建（见图9-1）和绩效管理。本章聚焦于后者。

9.1 业务单元驱动组织架构优化

业务单元能够驱动组织架构的优化，包括优化编制、优化职位、打破横向"部门墙"，以及简化纵向层级。

第一，业务单元可以优化编制。很多企业中，编制数量依据人的经验测算，"拍脑袋"决定。对员工规模超过万人的大型企

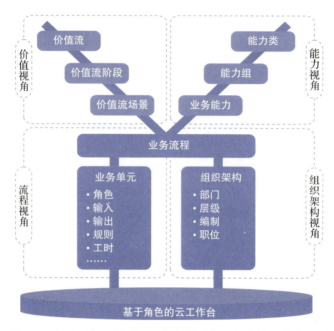

图 9-1　中国一汽 Y 模型——业务单元与组织架构和能力联动

业而言，仅仅依靠人的经验，难以确定合理的编制数量，这会造成编制数量与实际工作所需用人量不一致，一些岗位人员过剩，而一些岗位人员不足。中国一汽根据业务单元的标准工时以及业务单元被调用的次数等数据，计算出完成特定任务所需的年度工时和编制数，提高了编制测算的准确性。根据业务单元的执行效果，还可以动态调整编制数量。以中国一汽供应链部的工时数据为例，采购员的实际工时显著低于最初定的标准工时，这表明人员投入大于工作需要，存在冗余，分析后发现可以减少一半的人员编制，将这些人员转移到其他岗位，优化编制结构。人员可以减少的关键原因是，基于业务单元的在线作业、跨部门协作、智能化采购等大幅提高了采购效率，过去需要 1 个月才能完成的采购任务，现在只需要几个小时。

第二，业务单元催生了一批新职位，驱动老员工向新角色转型。中国一汽通过业务单元的在线化和智能化作业，大幅提升了作业效率，老员工得以从重复、繁杂的传统工作中解放出来，转而探索高价值的新工作。例如，有的老员工转型为数据管家和数据分析师，负责分析业务单元所产生的数据，从数据中发现业务问题，识别业务改善机会。还有一些老员工承担了检验算法和优化算法的新工作，包括检验业务单元的自动流转是否存在断点、算法模型是否存在漏洞、业务规则是否有问题，比较人为决策和智能决策的优劣，对算法进行修正和优化。一名老员工对这一转型过程深有体会："在数智化转型的初期，我担心我的经验和技能变得不再重要，甚至会因此失去工作。随着转型的深入，我发现，数智化技术并没有取代我，而是让我有更多的时间和精力去做高价值工作。我开始学习使用新的技术，通过数据分析来优化库存，工作效率提高了，错误率降低了。"

这种转型不仅提升了员工的个人价值，也为企业带来了更高的运营效率和创新能力。老员工将自己的丰富经验与数字化技能相结合，可以帮助企业更好地应对市场变化、实现可持续发展。

第三，业务单元有助于打破部门墙，促进跨部门协作。基于业务单元的输入输出要素，多个业务单元之间自动形成连接，将上游任务和信息实时传递给下游，甚至提前通知下游，这有助于打破部门之间的信息墙，促进组织架构中的横向协作。

第四，业务单元有助于简化纵向层级，从而使组织扁平化。业务单元记录和呈现了一线业务活动的执行情况，让"一线炮火"

可视化、透明化和实时化，高层领导能够快速并准确地获取一线业务信息，无须依赖传统的层层上报机制。在此基础上，企业可以优化组织架构，精简纵向层级。这不仅可以缩短信息传递的时间，还可以避免逐层传递过程中可能出现的信息递减、失真或延误问题，提升决策的及时性和准确性。层级的精简也有助于降低管理成本，使上下级沟通更加高效，进一步促进整体运营效率的提升。

9.2 业务单元驱动人员能力构建

业务单元与人员能力相关联，驱动能力的设计、培育、评价和迭代。

业务单元指导能力设计，即通过梳理业务单元，先明确要完成什么作业任务，再明确作业任务完成所需的能力，实现业务需求和能力供给的匹配。中国一汽的业务单元内嵌了角色能力模型，刻画了员工完成业务单元相应作业任务所需具备的能力项。以物流设备管理的业务单元为例，该业务单元关联的角色是物流设备工程师，该角色所需的能力项包括物流过程设计应用能力、物流人员作业设计优化能力、物流设备设施设计应用能力、物流数据运营改进能力和业务架构设计能力等。

业务单元内置的最佳实践、历史文档、规则和标准，为员工在执行任务时提供指导，有助于培育员工所需的能力。在中国一汽，过去新员工培养主要靠师傅传帮带；而现在，一个刚毕业的大学生通过业务单元卡片即可全面了解工作流程，掌握完成任务的具体步骤，还能看到其他人执行这项工作的最佳经验。此外，在撰写文档时，因为云工作台已经集成了所有设备的标准条目和所需能力，员工只需在云工作台中查阅即可。这既加快了员工构建能力的速度，也避免因能力不匹配而导致的工作失误。不仅如此，由于能力项是有针对性的，培训课程也是有针对性的，"对症下药"，可以提高员工培育效率。中国一汽还将培训课程和最佳实践结构化到业务单元的规则和标准属性中，使作业任务与能力提升紧密结合。

业务单元孪生的数据能用于评价人员能力。业务单元记录了员工执行作业任务的数据，包括任务完成数、工时、完成质量和逾期率等。通过对这些数据进行建模分析，管理者可以清晰地洞察员工能力水平以及不同员工之间的差异，员工也能够清晰地认识到自身存在的能力问题。例如，中国一汽的生产物流部规定，员工的实际工时若超过标准工时 20%，可能存在员工能力不足的问题，需进一步评估其工作表现并分析具体原因。但需要说明的是，标准工时不是一成不变的。

> 在任务执行过程中，实际工时少于标准工时，就一定要触发标准工时修订，还要研究为什么这个人的实际工时比标准工时少。他有先进方法吗？他有先进的工具吗？要把他的成功经验总结出来，然后横向培训扩展。
>
> ——中国一汽数字化转型委员会

根据能力评价结果迭代并持续提升能力。当员工能力评价结果低于期望水平，或低于其他同类员工时，意味着该员工可能存在能力缺口，能力供给与业务需求存在偏差，因此需要提升能力。若内部能力缺口较大，短期内难以弥补，可以通过招聘外部人才的方式，快速补充所需能力。当员工能力被评为优秀，或高于其他同类员工时，该员工完成作业任务的经验和文档（例如研发设计方案文档）将被固化和沉淀在云工作台中，形成最佳业务实践，供其他员工参考和学习。通过对员工工作数据的深入分析，还能够不断优化员工的能力模型，提高作业任务与能力的匹配度。

9.3　业务单元驱动绩效管理

能力是过程导向的，绩效是结果导向的；能力是绩效达成的关键因素。例如，物流设备工程师要达成物流效率提升一定比例的绩效指标，需要具备优秀的物流数据运营改进能力和业务架构设计能力等。

业务单元与绩效管理的关系主要体现在以下两个方面（见图9-2）。其一，业务单元指导绩效指标设计。中国一汽建立了基于业务单元的绩效指标体系，将业务流程逐级拆解为业务单元的过程中，同时将目标拆解为业务计划和员工任务，从目标中提取灯塔指标，就形成了以部门绩效指标、部门经理绩效指标和员工绩效指标为主线的绩效指标体系。

其二，基于业务单元孪生的数据开展绩效评价。业务单元在云工作台在线执行后，产生和积累了大量作业数据，这些数据为计算绩效指标达成度提供了客观、全面的依据。中国一汽根据业

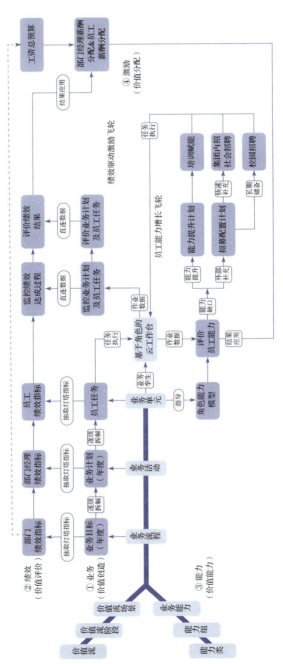

图 9-2　业务单元驱动人员能力构建和绩效管理

务单元的数据，对绩效目标的达成过程进行监控，并对绩效结果进行评价。然后，根据绩效结果分配薪酬，优秀的员工会得到肯定，并树立榜样，持续激励并带动其他员工提升能力。

绩效评价结果可反向促进绩效指标的优化。如果绩效指标极易达成，说明组织和人员经过反复实践，能力已经成熟，此时应当调高指标期望值，促使大家更上一层楼，或取消该绩效指标，转向尚待提升的其他绩效指标。

9.4　本章小结

本章介绍了业务单元如何驱动组织建设，包括驱动组织架构优化、人员能力构建和绩效管理三个方面（见图9-3）。

图 9-3　业务单元驱动组织建设的总结框架

在组织架构方面，业务单元可以优化人员编制，打破部门墙并简化纵向层级（9.1节）。在人员能力方面，业务单元能够驱动人员能力的设计、培育、评价和迭代（9.2节）。在绩效管理方面，业务单元能够指导绩效指标设计，业务单元的执行数据可被用于开展绩效评价，绩效评价结果又可以反作用于绩效指标的优化（9.3节）。

技术平台是数智化转型的底座，为业务重构提供技术支撑。本篇将介绍中国一汽数智化转型的底座：数据治理（第 10 章）、基于角色的云工作台（第 11 章）、云原生平台（第 12 章）以及 AI 大模型（第 13 章）。数据治理是让数据产生价值的前提；基于角色的云工作台是业务单元在线化运行的载体；云原生平台是支撑应用系统和硬件运行的基础设施；AI 大模型是技术驱动业务变革的前沿探索。

四、技术平台篇

| 第 10 章 |

数据治理

　　数据驱动业务决策、优化和增长已成为企业的共识，但企业往往还面临业务部门参与有限、业务价值不足、数据真实性存疑、跨部门数据共享受阻、数据不统一以及数据不连通等问题，导致数据的价值难以体现。对此，中国一汽在数据治理过程中，将主导部门从体系数字化部转向业务部门，强调在数据治理过程中数据直采和数据共享的重要性，并提出基于变革项目和基于需求的两种数据治理方法。本章会介绍中国一汽的数据治理体系，包括政策、流程、组织、运行机制和工作台，通过具体案例展示数据治理的实际应用和成果，希望能够为正在进行数据治理的管理者带来启发。

10.1 数据治理的挑战

与大多数企业一样，中国一汽在数据治理的初期面临以下六大挑战。

第一，业务部门参与有限。中国一汽最初的数据治理模式是，业务部门提出需求，体系数字化部为业务部门提供其所需的数据和指标。在这种模式下，业务人员认为数据治理是体系数字化部的事，不愿意参与其中，甚至质疑"数据治理有什么用"，由此也更不关注数据治理的细节，认为"我只要把需求提出来，让我的业务能够上线，能够提升我的工作效率就可以了"。这种模式下，业务人员和 IT 人员（包括 BI 产品经理、程序开发人员、数据管理人员）都苦不堪言，出现问题时往往只能相互抱怨。业务人员抱怨"需求开发慢、数据和线下表格对不上"；BI 产品经理苦恼于"业务人员频繁重复地提需求，几乎不考虑报告的价值和使用频率"；程序开发人员总是应对大量的临时数据需求，经常加班熬夜导数据，业务规则经常产生变动，程序也需要跟着发生变化；相同数据面临多个源头，不知道取哪个，数据管理人员更是盘不清数据家底，说不清数据的统计口径和数据来源；在发布数据治理方法后，业务人员却不遵从；讲了很多遍数据逻辑与规则，业务人员仍然不会操作。最终，企业陷入数据沼泽。

第二，业务价值不足。业务价值不足的主要原因在于数据治理部门采用"盲目规划"的工作方式，试图通过广泛的指标治理和数据标准化来沉淀资产，意图通过数据治理将原始数据打造成一个"资源池"或"中央厨房"（即对数据进行清洗和标准化存储，形成可复用的数据资产），以便各部门直接调用。这种工作方式不仅导致业务部门参与度低，也不能有效展示出数据治理对业务的实际价值。大家纷纷发出这样的疑问："数据治理工作很难……到底从哪里入手？"

第三，数据真实性存疑。一些数据并不是系统直采，而是由人员手工填录，可能存在漏填、错填或造假的行为，导致真实数据被隐藏。

第四，跨部门数据共享受阻。一些部门不愿意共享关键指标数据，有时数据调用的审核甚至需要三周左右，造成决策效率下降、业务协同困难、资源浪费等问题。

第五，数据不统一。一是指标定义和口径不统一，存在同名不同义的情况，混淆的数据可能导致错误理解，从而影响决策。二是维度分类定义不清，数据治理的核心是业务治理，指标分析需围绕公司管理目标，分析维度是管理模型的体现。实践中，中国一汽将经销商分为高跟随、中跟随、低跟随三类管理，数据显示低跟随的经销商绩效竟然比高跟随的还要好很多，究其原因，是维度分类的定义没有说清。三是数据结构不统一，同样的数据可能存在多数据源或多次加工的情况，使得完全相同的指标数据也会存在不一致的问题。

第六，数据不连通。由于缺乏整体的企业级数据规划，IT 系统没有统一数据标准和管理方法，各个系统独立运行，数据没有联通。例如，在建立一个通用材料采购平台的过程中，中国一汽最初开发了一套系统，并且搭建了相关的数据库。然而，当需要新增生产材料的采购时，又分别开发了新的系统。这种情况下，尽管供应商可能同时参与多个业务，每个系统中的供应商信息却是独立的，导致同一个供应商在不同系统中存在多套编码和信息。由于源头上的规划不足，后续不同系统之间的数据无法顺畅交互。

10.2　数据治理方法

中国一汽在数智化转型的过程中，选择了基于 5A 架构的方法论。在此框架中，数据治理被定位为信息架构的基础，确保数据标准、流程和质量管理框架的制定。信息架构作为连接业务架构与技术架构的桥梁，在数据治理的指导下，通过结构化的数据资产目录、数据模型和数据标准，构建了业务与 IT 的关键连接点，从而有效支持企业的业务需求。

在数据治理的初期，中国一汽更侧重于技术视角的数据治理模式，忽略了数据治理在业务价值维度的考量，所以数据治理工作的产出和价值均不显著。通过反思，中国一汽逐渐认识到数据标准和规则均源自业务需求，数据治理的核心在于业务治理，应由业务部门主导。只有在业务部门作为主体的情况下，数据治理才能切实支持业务运作。这一反思促使中国一汽重新定位数据治理，将其转型为业务主导的模式，以提升治理成效。

随着数智化转型工作的不断推进，中国一汽在数据治理方面面临着越来越多的挑战。然而，国内数据治理尚处于起步阶段，许多资料偏重理论而缺乏实际操作的指导。中国一汽曾尝试借鉴外部标杆经验来解决内部数据治理问题，但由于企业属性的差异，外部的方法论并不完全适用于中国一汽。因此，中国一汽认识到，解决数据治理问题不能简单地照搬外部经验，而需要从自身出发，深入挖掘和探索适合自身企业属性的方法和路径。

中国一汽不断向内求解，最终根据自身非数字原生企业的特点，以架构思维对行业上的方法进行消化吸收，融会贯通形成适合中国一汽实践的转型方法。针对数据源，中国一汽构建了"六阶十八步"信息架构治理方法；针对指标，构建了"五阶十六步"的指标数据治理方法。并把这两套方法传递给业务部门、数据管家、数据管理专员。本节将基于中国一汽内部发布的"红旗之道"系列内部读物，详细介绍中国一汽的数据治理方法。

10.2.1　由 IT 带头干转向业务主导干

鉴于以上数据治理过程中诸多的困惑、挑战以及痛点，企业认识到数据治理必须回归业务部门。数据治理应该由业务主导，业务人员需要掌握数据治理的方法和工具。中国一汽通过系统的培训和认证，提升业务部门的数据治理能力，使其能够独立开展数据治理工作。

为了转变数据治理工作的业务模式，中国一汽制定了"两不认可、四认可"的工作原则，明确了哪些工作应该由业务部门承担，通过强制"断奶"的方式，迫使业务部门承担起数据治理的责任，从而推动数据治理工作的优先转型。

"两不认可"。一是人工点检不被认可。之前，体系数字化部通过人工点检，评估工时管理的效果，并检查指标设置是否合理，这种方式效率低下且不被认可。二是保姆式服务不被认可。以前的体系数字化部为业务部门提供贴身服务，开发各种应用、看板和展示大屏，这种工作方式也不被认可。

"四认可"。体系数字化部作为"增加土壤肥力"的能力提升层，进行数据管控与数据中心建设，提高数据管理的能力；开发和推广新的数据治理方法，确保数据治理的科学性和有效性；建立健全数据治理流程和机制，确保数据管理的规范性；通过培训和能力建设，提升全集团员工的数据治理素质。

中国一汽创新性地提出了"半加器"概念，用于展示其内部业务模块的构成及对外提供产品或服务的方式，其中左侧是指通过标准化通信协议接收其他半加器的产品或服务，右侧则表示该半加器对外提供的产品或服务。半加器内部不仅体现了各业务模块及其协同关系，还详细展示了业务服务过程。数据业务"半加器"如图 10-1 所示，内部包含了数据需求管理、数据治理、数据开发、数据运营和数据共享与应用共 5 个数据服务过程，并且强调了支撑这些服务过程所需的核心能力，如数据政策流程、数据运作机制、数据角色认证和数据工作台。

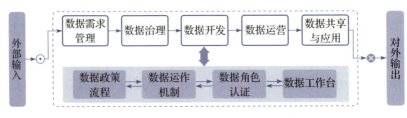

图 10-1　数据业务"半加器"（示意）

"半加器"的主要作用并非解决具体的数据问题，而是借助面向客户和价值的思维重新梳理价值流和重塑业务模式。此前，管理层指出数据治理方向和模式存在问题，但并未明确具体的改进路径。通过"半加器"，团队得以明确自身的角色和价值定位，厘清各部门职责与数据治理的标准化交付接口，使部门协作更加高效。同时，"半加器"还帮助公司识别出数据治理的核心价值及其执行流程，确保开展数据治理工作后能够产出符合业务需求的高质量数据资产。

过去，中国一汽采用以 IT 为主体的治理模式，目标是确保系统功能正常运行，当治理主体迁移为业务，业务部门作为数据的唯一负责人，全面管理数据全生命周期，沉淀企业级数据资产并确保数据可信、可用及保值、增值。中国一汽通过由 IT 带头干转向业务主导干，实现数据治理的责任下移，使得业务部门更积极地参与数据治理工作。

10.2.2 贯彻数据直采和共享

为了解决数据真实性问题，中国一汽强调"数据直采"。通过搭建会议数字化平台和 Easy 头条驾驶舱，"直采直连"云工作台数据，确保数据的真实性和实时性，有效避免人为干预造成的数据失真问题。如今，业务部门或战队汇报时只需打开会议数字化平台，向领导展示工作台数据即可；高层领导则可以根据"未治理""已治理"和"已直连"三种真实数据状态做出决策，随时随地圈选数据，并当日在督办系统中下达任务，真正做到"日清日结"。

在数据共享和使用方面，中国一汽通过《数据基本法》《数

据共享开放（流通）管理办法》等政策明确数据共享的基本管理
原则，确保数据在满足信息安全的前提下充分共享，以解决跨组
织、跨领域之间的数据壁垒和数据使用路径问题。所有数据消费
者均可以依托数据工作台统一的数据资产目录检索、查看、申请
和使用数据服务，提升整体运作效率；互联互通的数据也能够相
互印证，避免数据错误和数据冗余。这样不仅增强了数据的可靠
性，还提高了决策的科学性和时效性。

10.2.3　基于变革项目的信息架构治理方法：“六阶十八步”法

对于数据生成，中国一汽开发了“六阶十八步”信息架构治
理方法，共包括六个阶段、十八个步骤。其中六个阶段包括前期
准备、信息架构构建、元数据注册、数据质量管理、数据入湖和
数据整合（见图 10-2）。

第一阶段，前期准备，主要目的是评估业务信息和应用信息
的成熟度，判断其是否能够支撑信息架构构建。对业务和 IT 系统
的调研与信息收集，能够对完整的流程目的、过程、问题及 IT 系
统支撑情况有初步的理解和认知。

第二阶段，信息架构构建，目的是统一数据标准与数据源，
实现数据资产结构化管理，便于数据消费者快速便捷地查找数
据、理解数据和使用数据，确保通过对信息架构的规范定义，实
现各类数据在企业各业务单元间高效、准确地传递，上下游流程
快速地执行和运作。该步骤是信息架构设计的核心步骤，包括数
据资产目录、数据标准、数据模型、数据分布四个组件的完整设

计。该过程可以协助业务人员识别业务和 IT 的优化点和变革点，确保业务流程完备、归属职责明晰、业务要素完整正确，并为 IT 系统的规划和设计提供标准和输入。

第三阶段，元数据注册，目的是发布业务元数据和技术元数据，确保元数据的唯一性，并通过两者的关联打通业务与技术链路，为后续数据的查询和使用提供前提。

第四阶段，数据质量管理，目的是针对业务关键数据建立数据质量度量、数据质量检查规则，通过数据质量报告量化评估当前的数据质量，以此促进数据质量问题的预先解决、达成数据入湖的标准，为后续数据质量监控夯实基础。数据质量是数据价值得以发挥的前提。以信息架构和业务实际为基础，设计并定义数据质量规则，实现对数据质量的度量和量化评估，可有效监控数据质量异常、主动发现数据问题、驱动数据质量改进，为数据的整合与消费提供前提和参考。

第五阶段，数据入湖，目的是确保已认证的数据源规范、完整地汇聚到企业级数据湖。数据入湖是数据整合和消费的前提，针对已完整设计且已得到认证的数据源，需要通过数据湖实现多领域、多结构、多系统海量数据的汇聚，为后续数据的整合、加工与共享提供可信数据。

第六阶段，数据整合，目的是实现多源异构系统的数据整合，确保遵循统一的数据库结构，完成数据的存储和管理。该步骤主要解决存量系统中同一业务对象的数据以不同的数据结构分散存储在不同系统的情况，需要基于信息架构的统一设计完成异构数据的开发与整合。

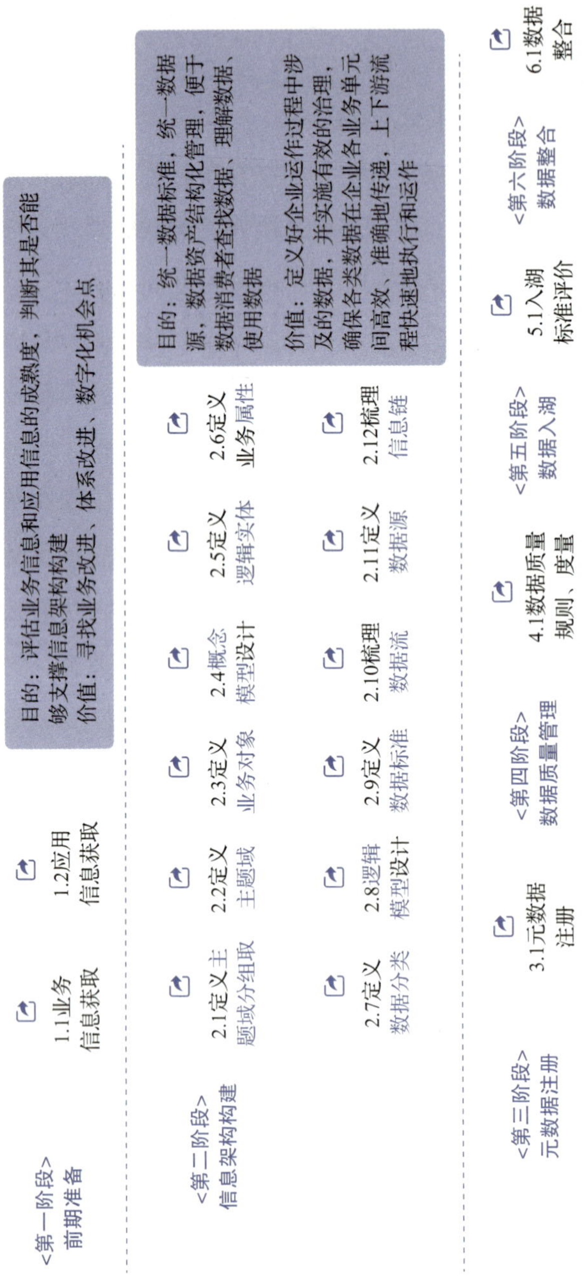

目的：评估业务信息和应用信息的成熟度，判断其是否能够支撑信息架构构建

价值：寻找业务改进、体系改进、数字化机会点

目的：统一数据标准、统一数据源，数据资产结构化管理，便于数据消费者查找数据、理解数据、使用数据

价值：定义好企业运作过程中涉及的数据，并实施有效的治理，确保各类数据在企业各业务单元间高效、准确地传递、上下游流程快速运行和运作

<第一阶段>
前期准备

1.1业务信息获取

1.2应用信息获取

<第二阶段>
信息架构构建

2.1定义主题域分组获取

2.2定义主题域

2.3定义业务对象

2.4概念模型设计

2.5定义逻辑实体

2.6定义业务属性

2.7定义数据分类

2.8逻辑模型设计

2.9定义数据标准

2.10梳理数据流

2.11定义数据源

2.12梳理信息链

<第三阶段>
元数据注册

3.1元数据注册

<第四阶段>
数据质量管理

4.1数据质量规则、度量

<第五阶段>
数据入湖

5.1入湖标准评价

<第六阶段>
数据整合

6.1数据整合

图10-2 面向业务侧信息架构设计方法

10.2.4　基于需求拉动的指标数据治理方法："五阶十六步"法

为应对业务价值不足这一挑战，中国一汽调整数据治理的切入点，从规划导向转向"基于需求拉动"，即以业务需求为驱动，按需整理和清洗数据，这样的转变不仅提升了业务部门的参与积极性，也让数据治理更具业务价值。

在这一部分，企业可以基于已有数据建立各种模型，通过模型分析洞察当前业务发生的问题，产生洞察结果后，反向优化业务流程，实现持续的迭代。在该场景中，指标成为核心载体，因此中国一汽围绕指标开发了一套基于需求的指标数据治理方法——"五阶十六步"法，为业务提供精准化、系统化的数据支持。

"五阶十六步"法共包括五个阶段、十六个步骤。其中五个阶段包括：指标设计发布、指标数据设计、数据探源认证、模型服务设计和指标数据应用（见图 10-3）。第一阶段的目的是明确数据负责人及指标的定义，通过明确定义，促进数据负责人寻找衡量业务特征的关键点，不断优化业务监控模型，提高指标的业务价值；第二阶段的目的是设计支撑指标计算的数据模型，通过对复合指标、原子指标的逐层拆解，明确度量、维度、口径，形成数据项；第三阶段的目的是找到支撑指标计算的数据，通过数据探源找到源头业务系统，经信息架构治理后认证为唯一可信数据源；第四阶段的目的是对原始数据进行整合加工，并以数据服务的形式对外共享，支持数据分析与业务决策；第五阶段的目的是释放指标数据价值，是数据价值实现的"最后一公里"，通

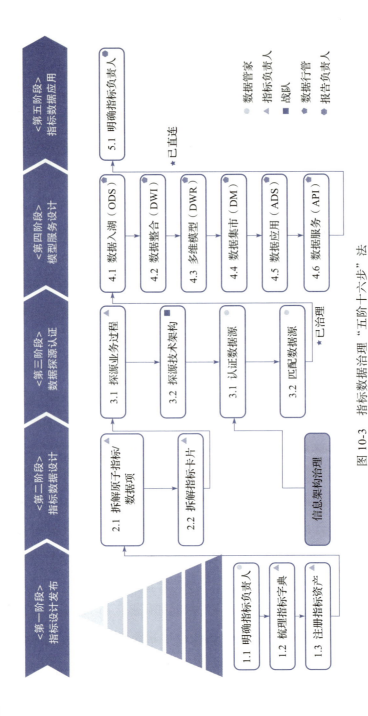

图 10-3　指标数据治理 "五阶十六步" 法

过支撑消费者在具体场景下的数据消费，确保数据的价值以分析结论、分析报告等为载体流向消费者。以下将分阶段介绍。

第一阶段，指标设计发布。该阶段是指标诞生的关键阶段，包括明确指标负责人、梳理指标字典和注册指标资产三个步骤。数据负责人是指标所属业务流程/组织/项目的负责人，是指标资产所有者。（1）数据负责人拥有唯一的定义指标的权力，同时承担指标的全生命周期管理职责，并对指标准确性及治理过程负责，是天然的指标数据治理责任人。（2）指标字典是指标的"身份证"，给定指标唯一定义，并明确设置目的、计算公式、统计周期、统计频率、统计口径、统计维度等重要信息。通常由数据管理专员基于指标需求梳理指标字典信息，并完成在线指标字典录入。（3）注册指标资产是指，为保证指标定义唯一，指标字典在公开发布前必须经过注册，未经注册的指标字典不被认可，该指标及基于该指标得到的分析结论、分析报告等均不具有可信度。指标字典注册申请必须由数据负责人或代其履行职责的数据管家/数据管理专员发起，经数据负责人、战队长、数据行管审批通过后完成注册。

第二阶段，指标数据设计。该阶段包括拆解原子指标/数据项和拆解指标卡片两个步骤。（1）拆解原子指标/数据项是从业务视角明确从明细表到指标结果的卷积支撑关系，实现将指标、业务规则、底层明细表、维度解耦。数据管理专员根据指标计算公式，识别复合指标并将复合指标拆解为原子指标，再根据原子指标的计算逻辑，进一步识别口径/修饰词、统计频率、统计周期、统计维度，最终确定数据项。（2）拆解指标卡片是将指标字典进一步结构化，每个指标对象对应一个指标卡片，指标卡片以矩阵形式结构化地呈现指标和维度的关系，来支撑业务不同统计维度、不同口径的分析需求。

第三阶段，数据探源认证。该阶段包括探源业务过程、探源技术架构、认证数据源和匹配数据源四个步骤。（1）探源业务过程是指确定承载指标业务活动的系统，根据系统操作手册和调研，确定指标数据产生的业务操作过程和数据校验界面。在探源业务过程时，需注意留存页面路径记录和业务人员操作记录，最好保留业务系统截图，作为后续探源技术架构的输入。（2）在完成探源业务过程的基础上，接下来是探源技术架构，即基于指标定义和系统数据展示逻辑，深度挖掘数据的来源和加工逻辑，通常要追溯到数据加工过程的 SQL 脚本，以此来确定真实的数据来源是哪个数据库 / 表 / 字段，保证数据源可靠可信。（3）认证数据源是指基于指标拆解后形成的所有数据项进行数据溯源，查找企业数据资产目录，若该数据项未在企业数据资产目录中注册，需基于该数据项找到所属业务要素、业务单元、业务流程，针对此业务流程，按照信息架构治理步骤，完成数据资产目录注册及数据源认证。（4）匹配数据源是指，针对每一个数据项，找到其对应的主题域分组—主题域—业务对象—逻辑数据实体—属性，并自动匹配认证后的数据源，以支撑后续的开发。

第四阶段，模型服务设计。模型服务设计是指通过对业务产生的原始数据按照业务需求的逻辑进行加工整合和汇总，形成满足业务需求的多维度的明细或汇总数据报表，并以数据服务的形式（数据集或 API）提供出来，以满足对业务流程的洞察和评价，以及对业务决策的支持。具体设计流程如图 10-3 所示。

第五阶段，指标数据应用。指标是对业务流程或业务结果的最直接评价，通过对指标数据的应用，管理者可以对企业的经营状况形成直观的认识，并针对指标的状态（如销量指标）对业务进行治理。指标数据应用是指标数据治理价值最直观的体现，常见的场景有自助分析和 BI 展示两种。在自助分析场景中，借助指标数据服务，数据分析师可以省去大量数据采集与清洗工作，能够有效地提高分析质量和分析效率。在 BI 展示场景（如顶层会议，详见 10.4 节）中，经过治理并形成数据服务的指标能够快速、便捷地与前端进行对接，提供真实可信、实时可视的指标数据，支撑领导高效决策。

10.3　数据治理体系

数据治理体系是确保数据工作有序运转的保障。中国一汽数据治理体系解决了三个核心问题，分别是 Who、What 和 How 的问题。"Who"回答了由谁负责信息架构设计的问题，通过建立数据负责人的机制，可以确保关键数据资产管理责任的落实，数据负责人即是业务流程的负责人。"What"回答了要做什么的问题，应围绕企业主价值链核心业务开展信息架构的设计和管理。"How"则回答了如何做的问题，通过流程规范、组织架构、运作机制和技术平台四个维度协同保障，确保作业人员有规范的流程指导，工作落地有清晰的原则依据，面临问题和争议时有明确的处理机制，数据治理过程有充足的人才、组织和技术保障。

10.3.1　数据管理政策

《数据基本法》是中国一汽数据治理的顶层设计和引领政策，突出了中国一汽对于数据治理的重视，它规定了数据工作的整体方向，旨在明确数据责任，传达最基本的数据管理原则，以确保数据治理环境的有效构建。

《数据基本法》详述了管理信息架构的角色与职责，以及其建设要求和遵从的管控标准；同时，它清晰界定了数据质量管理的职责、相关业务规则及管理要求，并确立了数据源管理的原则及认证标准。作为数据管理政策的基础性指导文件，《数据基本法》为数据管理的效率和质量提升提供了根本原则。

10.3.2　数据管理流程

为了支撑企业数据资产从架构设计、质量管理到数据分析应用的全生命周期管理，企业需要在流程架构中建立一套数据管理流程，明确数据管理的关键活动、角色及与周边组织的协作关系，确保作业人员有规范的流程指导。

覆盖数据全生命周期的关键流程，例如信息架构治理：设计与维护信息架构，沉淀集团数据资产；主数据治理：维护主数据的唯一性和一致性，定义和管理主数据标准；数据质量管理：定义数据质量度量指标和规则，进行例行监控和数据质量报告；数据需求管理：规范数据需求管理流程，确保及时响应合理的数据需求；数据安全管理：面向数据资产的最细粒度定义数据安全密级与隐私标签，确保数据共享的安全性。

10.3.3 数据管理组织

中国一汽数据管理组织框架主要涉及公司数据管理专业组织、各领域数据管理专业组织、数据管理专家组 3 个组织和公司数据负责人、领域数据负责人、数据管家和数据管理专员 4 个角色（见图 10-4）。

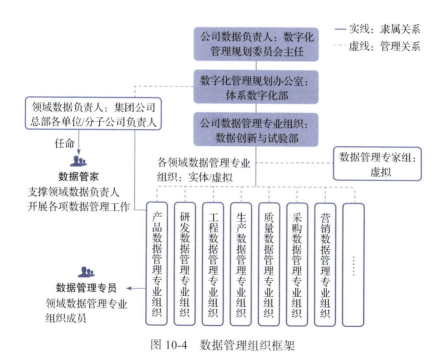

图 10-4 数据管理组织框架

各领域数据管理专业组织向领域数据负责人以及公司数据管理专业组织汇报；公司数据管理专业组织向数字化管理规划办公

室汇报，领域数据负责人向数字化管理规划办公室汇报；数字化管理规划办公室向公司数据负责人汇报；公司数据管理专业组织和各领域数据管理专业组织向数据管理专家组提报评审事项，数据管理专家组进行评审认证。

10.3.4　数据管理运行机制

为保证各单位数据治理工作有序推进，促进各单位顺利完成数据治理年度工作任务，中国一汽面向数据的决策层、管控层和执行层建立并完善 4 套运作机制。

面向数据决策层建立了可视化报告机制，以确保数据治理进度实时跟踪、数据评价结果公开透明。面向数据管控层建立了基于 ITPM（IT Project Management，IT 项目管理）的信息架构管控机制，为各战队提供各阶段的信息架构完工标准，在数据产生源头保障数据结构的设计质量；基于需求的指标数据治理管控机制，为数据管家、数据管理专员在进行指标直连过程中提供完工标准，保证指标定义规范、数据源认证准确、指标数据直连及数据资产沉淀。面向数据执行层建立了数据需求和问题管理机制，构建统一的数据需求和问题管理流程，明确流程相关节点及相关角色的管理职责和要求。

10.3.5　数据工作台

中国一汽数据治理体系及数据管理能力快速完善，数据需求层出不穷，但以下痛点问题仍然存在：数据消费申请等待时间长；数据管家感觉数据治理流程晦涩难懂；数据负责人在评估需求时，发现消费者常常说不清数据的价值或数据获取方式。

为解决上述问题，数据管理团队通过梳理价值链和业务场景，优化了数据管理业务架构，定义了 11 个业务流程、147 个业务单元、282 个业务要素，并将其孪生至数据工作台。

在数据工作台中设定任务类别、流程调用、业务单元选择和任务触发机制（时间或事件触发）。数据消费者、数据管家、数据开发者和数据行管通过智能工作流进行日常数据管理，任务节点提醒明确责任。

数据工作台的主要作用是让各类角色清晰地了解何时、何事、达到何种标准，通过承载业务单元，打通能力中心，实现任务找人。其主要价值体现在工作流程的规范、透明，简化任务执行，使任务一目了然；以数据业务价值为导向，通过持续监控业务流程核心绩效指标，指导业务运营，实现提质增效；统一数据门户，实现数据资产的可视化、可复用，沉淀数据管理知识。

10.4　数据治理案例——顶层报告和顶层会议

为了最快地捕捉到数据治理的价值，中国一汽寻找到了一个高价值的场景——集团顶层报告和顶层会议。顶层报告和顶层会议对于推动数据治理工作起着非常重要的作用。顶层报告是企业最重要、最核心的指标汇报，直接面对高层领导和各大部门负责人，覆盖企业最核心的指标。选择顶层报告作为切入点，可以确保一旦指标出现错误，能够迅速引起高层领导的重视，进而推动相关部门的工作改进。

顶层会议每天由企业高层领导带领各部门一把手召开，审阅顶层报告。顶层报告中的指标分为三个状态：未治理、已治理和已直连。未治理代表指标未定义，已治理代表指标虽已定义但未完成寻源，已直连代表指标可信可用。每个指标均需要定义唯一的报告负责人、指标负责人和数据负责人，使数据管理责任落实至业务部门。当数据出现问题时，由业务部门作为主责部门，推动问题的解决和数据质量的提升。

顶层报告与企业的督办系统打通，领导在查看报告时可以直接圈选问题并下达督办任务，实现问题的日清日结。高层领导通过钉钉系统实时查看报告，基于可信任的数据进行决策并下达任务。

企业逐步将顶层报告机制推广到全领域，确保所有核心指标都能被纳入管理。通过这种机制，企业能够有效监控各个指标的使用并提升其有效性。企业将顶层报告与战略解码和绩效管理结合，基于战略指标和绩效指标进行管理，确保业务流程的优化。通过引入大模型等新技术，进一步提升顶层报告和数据治理的能力。

顶层会议和顶层报告机制的引入，使企业的数据治理工作从被动转向主动，推动了业务部门的深度参与。通过不断优化，这一机制成为企业数据治理的重要抓手和推动力，确保数据治理工作能够持续改进和提升，为企业的高效运营提供了坚实的支持。

10.5　本章小结

中国一汽的数字化战略以实现"双 100"目标，即 100% 业务孪生和业务效能提升至少 100% 为核心，其关键在于通过良好的数据治理（见图 10-5），实现数据的资产化和服务化，从而以数据驱动业务运营优化。

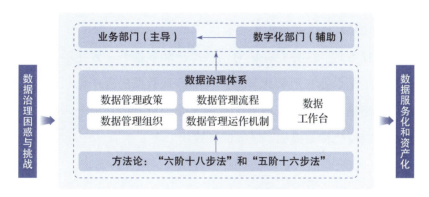

图 10-5　中国一汽数据治理的总结框架

　　然而，数据治理并非一开始就受到重视，早期缺乏系统化的管理，曾导致了业务部门参与有限、业务价值不足、数据真实性存疑、跨部门数据共享受阻、数据不统一、数据不连通等问题，严重影响了企业运营的效率（10.1 节）。通过不断地学习与钻研，中国一汽认识到数据治理工作必须内化于企业自身，特别是要回归业务，因此将数据治理的主体从体系数字化部转向业务部门，推动业务主导的数据治理模式，同时强调数据直采与数据共享。在这一转型过程中，中国一汽不仅解决了传统开发模式下的种种弊端，还针对非数字原生企业的特点，提出了"六阶十八步"法和"五阶十六步"法两种方法论，提升了数据治理的系统性和有效性（10.2 节）。

中国一汽不仅构建了涵盖政策、流程、组织人才、运作机制及技术平台的全方位数据治理体系（10.3 节），还通过顶层报告和顶层会议等实际应用的引入，推动数据治理工作的深入和持续改进（10.4 节）。这种从被动到主动的转变，不仅提升了企业运营效率，还将数据治理融入企业发展的核心战略，推动了业务流程的持续优化。

数据治理不仅是企业应对信息孤岛和数据不一致问题的有效手段，更是企业在数智化转型过程中实现数据的资产化和服务化的核心路径。中国一汽数据治理的实践为行业内其他企业的数据治理和数智化转型提供了宝贵的经验。

第 11 章

基于角色的云工作台

基于角色的云工作台（简称"云工作台"）是业务单元在线化执行的载体，支持不同角色的员工在同一平台上在线作业，按照角色分配工作任务，同时分析业务单元执行过程中积累的数据。云工作台将现有的业务流程结构组件化、能力化、服务化，让每个人都知道什么时间干什么事、要达到什么标准。通过在线作业，平台积累显性知识和数据，业务流程的质量不断提升、效率持续优化、体系化不断沉淀，同时为决策层、管理层、执行层打造协同、可视的数字化工作方式。本章基于中国一汽编制并在集团内部发布的"红旗之道"系列内部读物，总结中国一汽云工作台的特色、建设方法以及价值。

11.1 云工作台的特色

在数智化转型中，云工作台基于角色驱动和数据驱动的双重支持，实现了业务单元的有效解构和流转，不仅使业务流程更加透明高效，还推动了业务的全流程在线化和智能化管理。基于云工作台的结构化设计和数据沉淀能力，中国一汽通过"双飞轮"战略推动了业务和数字产品的协同进化，在不断优化业务流程和用户体验的过程中，为企业的长远发展提供了强劲动能。在这种创新模式下，云工作台作为数字化平台的核心，支撑了业务和数据的双向驱动，实现了业务和数字化的深度融合与效率提升。

11.1.1 两个驱动：角色驱动和数据驱动

中国一汽云工作台作为集团协同、可视的数字化工作平台，基于"两个驱动"实现效能提升。一是以角色驱动，将业务流程解耦至业务单元，构建业务单元之间的依赖关系并通过业务组件支撑业务单元流转，在云工作台实现角色驱动的业务串联和可视化，实现企业业务 100% 数字孪生的目标。其底层逻辑是实现业务的结构化、模型化、能力化、服务化。结构化是指梳理和组织复杂的业务流程和内容，使其具有清晰的层次和框架；模型化则是基于结构化的成果，建立各种模型来更好地分析、预测和优化业务活动；能力化则侧重于将业务模型沉淀为业务模块功能，形成能力中心；服务化则强调将能力中心的业务功能以服务的形式呈现，提高其复用性和灵活性，方便不同场景的调用和组合，更好地应对业务需求和挑战。

二是以"数据驱动"，在云工作台支撑业务单元流转过程中全量沉淀企业管理和运营数据，形成数据中心。在此基础上，通过构建业务数据模型并通过 AI 算法进行赋能优化，形成智能数据模型和智能化应用，在云工作台辅助分析和决策，提升工作效率和质量。这种方式能够实现对"业务单元"的智能运营，提升业务和组织效能，实现效能翻倍，最终达成业务效能至少提升100% 的目标。

11.1.2 两个飞轮：数字产品迭代飞轮和业务运营优化飞轮

"双飞轮"概念旨在思考企业转型后的持续发展路径。在实现从"建系统"到"建工作台"的转变后，下一步的关键是通过数据驱动，对业务流程和 IT 产品进行持续优化与提升。真正成功的转型企业应当在数据支持下，推动现实业务和数字产品的协同进化。最终，中国一汽确立了"双轮驱动"的战略，通过数字产品迭代飞轮和业务运营优化飞轮相互联动，驱动业务快速增长和迭代，实现企业整体的数字化升级。

两个飞轮的一侧是数字产品迭代飞轮，通过设计数字化改进和迭代产品指标，持续提升用户体验和产品竞争力。数据洞察在这个过程中起关键作用，通过数据分析发现和解决产品问题，指导产品迭代。

另一侧是业务运营优化飞轮，通过数据洞察和用户体验指标，识别业务运营中的确定性问题。对这些问题通过业务分析进行深入研究并制订改进方案，通过设定运营指标和建立内部审核机制，确保运营的有效性和高效性，并持续进行迭代，形成业务运营的闭环。数据洞察在整个过程中起到反馈作用，通过全面和智能的数据分析指导产品和业务的优化。

双飞轮模式通过数字产品迭代飞轮和业务运营优化飞轮的协同作用，确保企业在产品和业务两方面持续改进，不断提高用户体验和业务能力。

11.2　云工作台的建设

在建设云工作台的过程中，中国一汽总结出了自己的一套方法论，通过搭建"三个中心"架构——能力中心、业务中心以及数据中心，对内沉淀能力，对外赋能业务。在建设步骤上沉淀出云工作台建设 7 步法，指导工作台的搭建和完善。

11.2.1　云工作台的三个中心

中国一汽云工作台在架构方面，将基于"三个中心"进行构建，分别是组件化的能力中心、模块化的业务中心以及资产化的数据中心。组件化的能力中心适配敏态业务，模块化的业务中心适配稳态业务，数据资产化之后通过数据中心对外提供智能化数据服务，向外赋能。

能力中心旨在被共享和调用，为了应对敏态业务，其需要快速响应业务需求的不断变化，进行快速创新。对于敏态应用的建设策略是进行"组件化"，目前敏态应用包括产品项目能力中心、员工服务能力中心、经销商能力中心、财务能力中心、销售订单能力中心等。

业务中心的建设是为了适配稳态业务，其相对成熟、固定，可以在全集团统一建设和集中部署。对于稳态应用的建设策略是进行"模块化"，模块化的稳态应用可以作为业务能力被数智化管理系统调用，目前稳态应用包括核心账务域的财务核算管理和成本管理以及集团管控域的预算管理、资金管理、税务管理、投资财务管理、资本管理、资产管理，共八大业务中心。

数据中心包含数据湖、数据资产和数据应用，是业务中心和能力中心的数据底座，数据服务可以直接被调用并将数据沉淀在数据中心。数据资产化后，数据模型能够通过分析决策提供描述性、诊断性、预测性或定性的见解，打造智慧数据服务，创造个性化的场景价值，提升集团数据服务水平。

11.2.2　云工作台建设 7 步法

前文提到了云工作台建设的重要架构基础，分别是组件化的能力中心、模块化的业务中心以及资产化的数据中心。这些基础构成了云工作台的核心支撑，以下将详细阐述如何通过"云工作台建设 7 步法"来逐步落实这些架构。

云工作台建设 7 步法包含：1. 识别客户、厘清价值；2. 梳理流程、定义角色；3.定义规则、建立标准；4.定义业务单元、梳理业务单元卡片；5.梳理业务要素、抽象业务对象；6.设计业务组件、封装能力中心；7.云工作台原型设计。

1. 识别客户、厘清价值

云工作台的设计需要从识别客户和厘清数智化转型的价值入手，主要包括识别企业利益相关者、识别关键利益相关者、识别转型价值主张、确认价值举措、确认关键业务流、确认目标及价值度量6个步骤（见图11-1）。

2. 梳理流程、定义角色

识别客户及明确价值之后，便步入云工作台设计的第二步：梳理流程、定义角色，主要包括构建企业流程框架、梳理业务－财务全景图、定义业务角色和收敛角色清单4个步骤（见图11-2）。

3. 定义规则、建立标准

在定义业务单元前，约束业务单元执行的业务规则及标准需要被定义及梳理，没有统一的行为规范，业务单元及活动的执行便无法保持一致性，也就无法实现企业业务单元级别管理的目标。因此，需要建立规则及标准库，并不断更新（见图11-3）。

4. 定义业务单元、梳理业务单元卡片

在梳理了业务活动并且定义了业务活动角色的基础上，可以利用ROA模型定义业务单元，ROA模型主要涉及业务单元中三个核心关键业务要素：角色（role）、对象（object）、动作（action），通过三个维度的约束，可以在业务流程的解耦中精准定义业务单元。

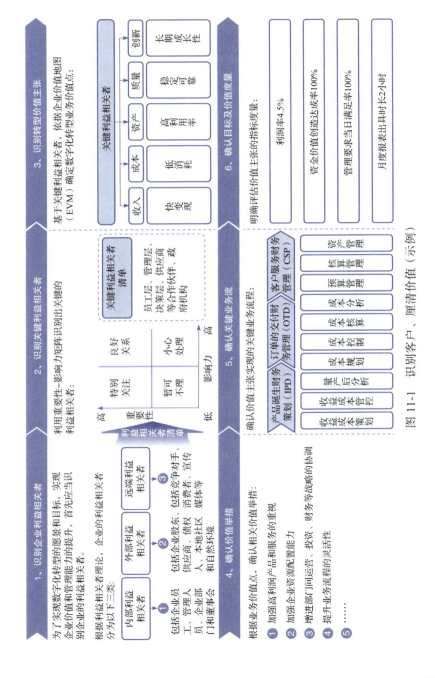

图 11-1　识别客户、厘清价值（示例）

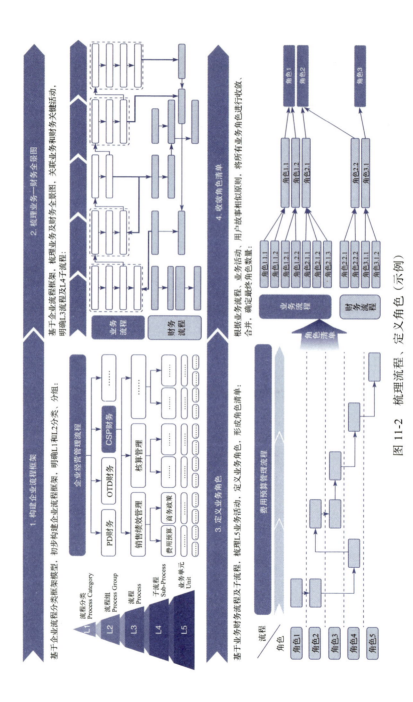

图 11-2 梳理流程、定义角色（示例）

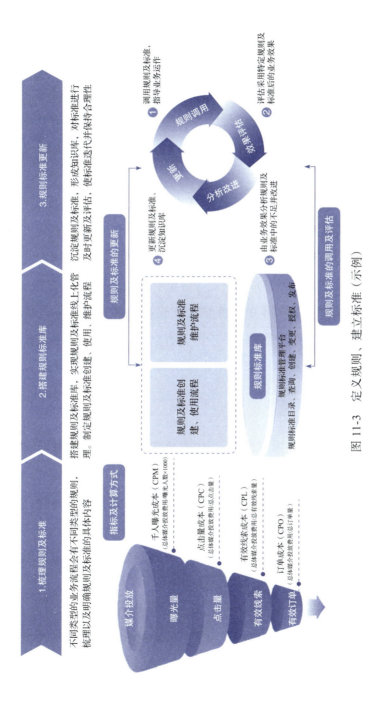

图 11-3　定义规则、建立标准（示例）

定义了业务单元，便可以进行业务单元卡片的梳理。业务单元卡片的内容包含关联和定义业务单元的所有要素，主要包括输入输出要素、角色、标准、规则、关键控制点、工时等。梳理后的业务单元卡片集合沉淀，形成企业架构资产并用EAMAP进行管理，为建立以角色任务驱动的云工作台奠定坚实的数字化基础。

最后以云工作台承载业务单元，基于角色以"智能工作流"方式驱动日常业务的开展，实现任务找人，最终提供多端协同的工作模式，提升用户体验。

5.梳理业务要素、抽象业务对象

业务要素是业务单元的输入和输出，梳理业务单元输入输出要素，形成业务要素清单，基于清单抽象业务要素形成业务对象，后续根据业务对象设计业务组件，逐步沉淀形成能力中心（见图11-4）。

6.设计业务组件、封装能力中心

设计业务组件、封装能力中心是云工作台设计的核心，具体包括以下五个步骤：梳理业务流程与业务单元并明确业务要素、定义业务对象、设计业务组件、聚合能力中心和验证能力中心（见图11-5）。其中，梳理业务活动与业务单元并明确业务要素、定义业务对象主要在前面的步骤中进行，本步骤的重点在设计业务组件、聚合能力中心和验证能力中心。

设计业务组件。业务组件向上汇聚能力中心和能力中心组，向下对应具体的开发功能和用例，并通过和业务对象的对应衔接信息架构和业务架构，是应用架构的核心元素。业务组件实现了

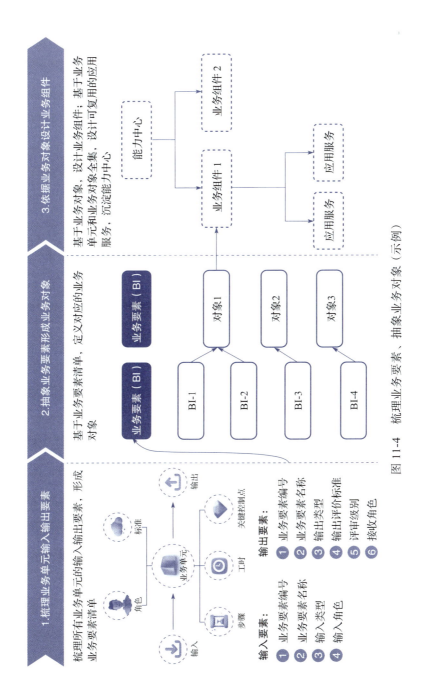

图 11-4　梳理业务要素、抽象业务对象（示例）

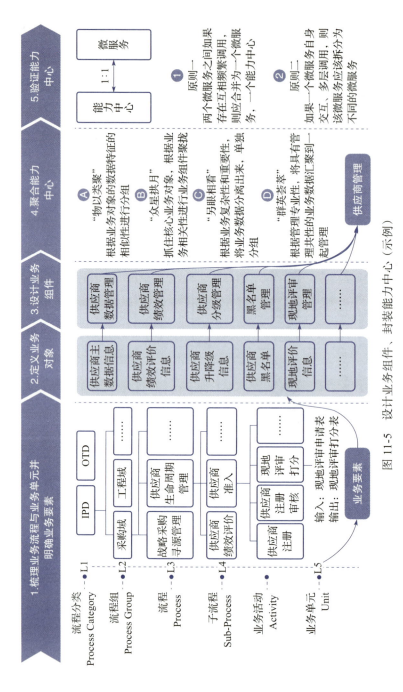

图 11-5　设计业务组件、封装能力中心（示例）

对业务对象的管理能力，例如在对供应管理流程和业务单元梳理过程中，需要根据相关的业务要素明确定义业务对象："供应商主数据信息""供应商绩效评价信息""供应商升降级信息"等，分别对应的管理能力是"供应商主数据管理""供应商绩效管理"和"供应商分级管理"，这些管理能力形成业务组件。

聚合能力中心。业务组件清单梳理完成之后，需要通过分类聚合形成能力中心。分类聚合的方法主要有以下四种："物以类聚"是指根据业务对象的数据特征的相似性进行分组；"众星拱月"是指抓住核心业务对象，根据业务相关性进行业务组件聚拢；"另眼相看"是指根据业务复杂性和重要性，将业务数据分离出来单独分组；"群英荟萃"是指根据管理专业性，将具有管理共性的业务数据汇聚到一起管理。

验证能力中心。能力中心清单形成之后，还需要进行验证。其原则是根据能力中心和微服务之间的一一对应关系，通过验证微服务切分的合理性来校验能力中心划分的合理性。两个微服务之间如果存在互相频繁的调用，则应合并为一个微服务，对应的能力中心也应该合并为一个能力中心；如果一个微服务存在自身交互的多层调用，则该微服务应该被拆分，其相对应的能力中心也应该拆分为不同的能力中心。

7. 云工作台原型设计

最后一个步骤是进行云工作台原型设计，从用户故事场景梳理入手，结合业务所需的功能要求，进行云工作台的原型设计。云工作台原型设计主要分为两个部分，分别是以角色任务驱动梳理用户故事场景和基于用户故事场景设计云工作台原型。

11.3 云工作台的价值

在云工作台理念提出之前，很多企业应用是分散建设的单体系统，用户需要登录到不同的系统进行操作，用户体验差、协同效率低、重复开发、运维成本高等问题一直困扰着企业和员工。即便很多企业采用了企业门户的解决方案，也只是实现了链接跳转和单点登录，没有在本质上解决问题。中国一汽为了解决这些问题，提出了自主建设基于角色的工作平台的理念，基于业务单元完成数据信息架构的建设，将信息集中到云工作台上，并按照信息架构的设计通过云工作台生成数据，从而提升了数据的价值。这种做法充分实现了数据的流转与应用，帮助企业更高效地实现协同工作和信息共享。云工作台产生了以下四个方面的价值：

第一，用户体验提升。云工作台的建设不仅有效提升了用户体验，也显著提高了工作效率，成为企业数智化转型中的关键工具。首先，云工作台基于用户角色和业务动作进行设计，每位员工的云工作台都根据其特定角色配置，用户能够一站式完成所有工作操作，而无须在多个系统之间切换。用户只需登录一个平台，就能获取相应的功能和信息，无须关注后台数据的集成情况。同时，云工作台支持界面的个性化定制，使操作界面符合用户喜好，满足千人千面的要求，极大地提升了用户的操作便捷度与工作满意度。

第二，工作效率提升。云工作台的统一化建设逐步取代了陈旧、分散的单体系统，降低了企业系统的复杂性和运维成本。通过云工作台集中的智慧运维功能，企业可以分析运维数据并优化问题处理方案，大幅降低运维工单和工时，进一步减少企业的历史遗留系统问题。这样的优化不仅减轻了数字化部门的维护负担，也为企业节约了大量资源、优化了整体管理效能。

为了确保持续提升工作效率，云工作台还支持合理的任务分配与绩效评估。通过设定各项任务的职责和分工，云工作台帮助企业提升了员工的岗位效能。管理者能够利用云工作台上的数据和员工指标，及时评估每位员工的工作成效，发现潜在问题，并采取措施提升工作效能。同时，云工作台上的灯塔指标管理功能，为每个流程设定了明确的执行标准，管理者可以实时跟踪和调整各环节的执行情况，确保各项任务符合预期目标。借助这些可量化、可操作的指标，企业得以持续监控、优化流程，保证了云工作台作为数字化管理平台的高效性和实用性。

第三，协同管理优化。云工作台的引入为企业的协同管理带来了深刻的变化，使各层级的业务流程更加高效、透明，且能够跨部门协作。

首先，云工作台的结构化与可视化功能大大优化了协作流程。通过对流程的模型化和数据的集成，云工作台能够记录和追踪所有工作活动及其时效，使任务管理和时间控制更加准确。例如，在整车生产过程中，云工作台将车身设计完成后的流程（如工艺方案匹配、需求检测、尺寸评审和装配定位等工作环节）进行了模块化处理。这样一来，检测需求的完成时间从原来的 54 天缩短到 1 小时，极大地提高了生产效率。这种记录和追溯的机制也为未来的考核和优化提供了数据支持。

其次，云工作台打破了部门之间的壁垒，使信息流通和跨部门协作更加顺畅，有效地改变了生产关系。例如，在财务和研发制造部门之间，云工作台通过将财务相关数据直接嵌入研发和制造流程，使工程师在选择材料时就能够即时获取成本数据，而非完成研发后再开展事后的财务评审。这样的前置管理改变了传统的审批流程，使财务和工程实现了无缝衔接，不仅提高了流程效率，还激发了创新活力，创造了资源整合的可能，推动了生产模式的进一步优化。

对决策层而言，云工作台提供的数据分析报告和可视化大屏取代了传统的汇报模式，使得决策过程更加数据化和智能化。管理层可以通过云工作台的预警场景，直接洞察业务的关键指标和潜在问题，借助数据发现问题并及时制订改进措施。云工作台的穿透分析功能还可以帮助决策者深入分析经营预警的根本原因，并直接在平台上讨论对策、指派责任人、跟踪任务执行进度，确保从问题发现到解决的全流程管理更加透明、高效。

与此同时，云工作台还帮助中层管理者和各条线业务负责人更好地协同执行任务。管理者能够通过云工作台了解业务运营情况和员工的效率，并根据实际情况灵活制订工作方案。云工作台的深入分析功能还允许管理者将数据细化到具体员工的工作时长或产出，以便即时分配任务和督办低效环节。例如，一位负责人可以直接通过云工作台将特定业务数据推送给相关领导，展示造成库存积压等问题的原因，实现高效地协作和沟通，推动业务目标的达成。

　　对执行层员工而言，云工作台集成了所需的所有信息和功能，形成便捷、高效的工作环境。员工可以在同一平台上完成所有工作，查看任务执行情况，还能够进行横向比较，以清晰地看到自己在团队中的表现。通过这样的公开透明的排名机制，员工能够明确改进方向，激发积极性，从而形成健康的竞争氛围，进一步提升个人和团队的工作效率。

　　第四，知识与能力沉淀。云工作台的引入不仅推动了知识的积累，更在组织和员工层面实现了深层次的能力沉淀。首先，云工作台记录了员工的全部任务，并将任务方案转化为知识库，实现了知识管理。云工作台中应用了 AI 技术，通过多模态知识沉淀与智能推荐提升了云工作台的智能水平，使知识得以高效传承与复用。

　　其次，云工作台的功能不仅在技术系统层面革新，更在组织层面实现了系统的能力沉淀。在员工层面，云工作台带来了知识的积累和能力中心的复用，使员工能够"站在巨人的肩膀上"应对更复杂的问题。同时，员工的角色在云工作台的引入下得到了重塑。例如，物流规划的自动化让员工从繁重的规划工作中解放出来，得以专注于模型维护和流程优化等高价值工作。这种转变不仅提升了员工的能力，还实现了人员的有效分流与晋升。通过持续的培训和能力迁移，员工不断适应和驾驭新的数字化工具，在转型过程中积累经验并提升个人的职业技能。

　　在业务能力方面，云工作台通过模型化业务知识形成了业务能力的沉淀。在数据驱动的工作台运营和 AI 算法优化下，业务模型实现了持续迭代，业务能力不断提升。正如 R&D 战队长所

举的创作中心例子，云工作台提供了平台化的功能封装，使用户
能以低代码或无代码方式实现任务，从而将基础能力转化为应用
能力，为企业创造更大价值。

此外，云工作台作为统一的平台，将功能和运营数据沉淀到
能力中心和数据中心，实现了能力复用与数据贯穿，减少了重复
开发的现象，加快了开发对业务需求的响应速度。

11.4 本章小结

本章围绕基于角色的云工作台展开，在平台的特点、建设和
价值方面进行了系统阐述（见图11-6）。平台的特点体现在"两
个驱动"和"两个飞轮"上（11.1节）。通过角色驱动和数据驱
动，云工作台不仅支持员工个性化的任务需求，还实现了数据贯
通、智能分析等功能；同时，"产品飞轮"和"业务飞轮"的双
轮驱动使得云工作台在运营过程中能够自我优化。在云工作台的
建设方面，平台的"三个中心"构建了系统的支柱，而结构化的
"7步法"，推动了平台的有序构建（11.2节）。这种建设方法确保
了平台的灵活性和扩展性，为其他企业的云工作台构建提供了参
考。云工作台的价值体现在对企业整体效能的提升上（11.3节）。
具体来说，平台显著改善了用户体验，提高了工作效率；在管理
上，通过协同管理与流程优化，跨部门的合作更加高效顺畅；此
外，知识与能力沉淀功能的融入，使得企业和员工在长期运营中
都能获得持续的成长与进步。

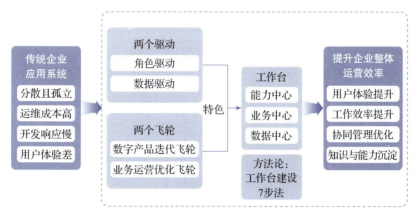

图 11-6　基于角色的云工作台的总结框架

　　这一系统的建设与运作，标志着数智化转型的一个重要方向，即从信息化到智能化的跃升。在这个过程中，中国一汽不仅是采用数字化工具来支持现有业务流程，更是通过数字化技术重塑业务模式和管理架构。云工作台的引入使业务流程得以透明化、协同化和智能化，不仅提升了整体的运营效率，更推动了企业内外资源的高效整合与创新活力的激发。从长远来看，这一平台不仅是企业竞争力的关键体现，更为现代企业的管理实践提供了新的范式。

| 第 12 章 |

云原生平台

云原生是以容器化、微服务、声明式 API（应用程序编程接口）为核心的技术体系，通过解耦软硬件依赖关系，为业务架构提供弹性伸缩、持续交付的新一代应用构建范式。中国一汽基于此，自主构建云原生平台作为数字化基础设施，目前已支撑内部400 余套业务应用的敏捷交付和稳定运营。本章介绍了云原生平台在提升业务效率、优化开发流程和强化安全管理等方面的显著影响，强调了云原生平台在现代化企业发展中的核心价值。本节将基于中国一汽内部发布的"红旗之道"系列内部读物，详细介绍中国一汽的云原生平台。

12.1　自主建设云原生平台的动因

云原生能够实现系统的标准化、模块化和灵活扩展，降低运维成本，优化资源利用。同时，云原生支持快速迭代、自动化部署和全局视图管理，可以帮助企业高效应对复杂的业务需要，推动数智化转型。为了适应智能汽车行业的深刻变革，提升业务敏捷性和创新能力，中国一汽选择自主建设云原生平台。

12.1.1　云原生平台建设是应对挑战的关键方案

过去，中国一汽的开发流程通常是业务部门提出需求，体系数字化部采购相关资源，并准备开发人员，IT 人员承担的是项目经理的角色。然而，这种传统模式带来了一些问题。

第一，资源重复投入的情况非常普遍；第二，系统通常采用"烟囱式"开发模式，各个系统独立，彼此之间缺乏连通性；第三，数据形成"孤岛"，无法实现有效的整合；第四，由于时间和技术架构上的差异，运维成本持续飙升。例如，同一套系统在第一期版本中使用 C 语言开发，第二期则转为用 C++ 开发，这就要求运维团队配备两组掌握不同技术的人员。此外，系统数据互通也存在困难，而新旧技术架构并存更是抬高了运维成本。

为了解决上述问题，中国一汽在分析中着重考察了数据一致性、交付标准化、反馈流程规范性，以及各类技术的敏捷性、弹性和自动化特性，最终确定云原生作为技术发展路径，云原生平台作为数字化基础设施。

云原生平台利用开源技术生态与模块化架构，为中国一汽重构了数字化能力。其微服务设计将应用拆分为独立模块，配合标准化资源支持，使开发团队能像组装标准零件般快速迭代功能，同时避免重复开发通用组件，显著降低了开发成本。在运维层面，平台通过轻量化部署、自动化监控及统一管理视图，提升了运维响应速度，并依托多层次安全防护，保障了系统稳定性。这种技术转型不仅解决了传统开发模式下的问题，更压缩了服务交付周期，支持中国一汽快速落地智能车联、数字工厂等创新服务，增强其市场竞争力。

12.1.2 云原生平台建设是组织业务变革的体现

在中国一汽看来，云原生不仅仅是一项技术选择，更是涵盖流程、文化的整体变革。这与康威定律表达的思想一致："任何设计系统的组织，其组织沟通方式会通过系统设计表达出来。"组织架构决定了系统架构。如果组织架构不健全，那么即使系统架构最初被设计得很好，最终也会因为组织的问题而偏离预期。

云原生不仅仅是技术，也是一种思想，一种理念和管理方式。云原生的标准定义可以被分成两个部分：云 + 原生。"云"是指企业经营所需资源，类似于日常生活中的水和电。"原生"则是指将业务体系直接架构在云平台上。在传统的非云原生时代，系统建设往往各自为政，相当于每家自备水井或发电机，各自独立解决自身需求。而在云原生时代，系统建设一开始就可以清晰地被划分为数据中台、业务中台、技术中台等。通过调用不同的中台，可以汇总需求，实现高效的资源整合和业务支持。

技术角度转变后，对应的组织结构也需要转变，业务部门和职能部门之间的协作类似于中台之间的协作，各部门职能的衔接、流转都变得更加高效。在 DevOps 要素下，自动化是核心功能之一，当某一个环节完成后，系统会自动将任务流转到下一个环节，整个过程透明可视，并且可以通过指标进行监控和评估。

云原生技术使得业务的在线化成为可能，这是技术体系变革的关键。而微服务作为云原生的要素，进一步提升了业务的敏捷性。就像用户可以根据需求调节水龙头，微服务让企业能够按需扩展和调整业务，真正实现了灵活高效的服务交付。

12.1.3　云原生平台建设是未来战略定位的关键支撑

中国一汽构建云原生平台的决策，是对智能汽车产业从商业模式到研发和生产流程，乃至资源管理、人才模型和供应体系全方位变革的战略回应。在"软件定义汽车"的行业范式下，企业价值创造的核心从单一硬件制造转向服务生态构建，技术能力需同步覆盖用户订阅服务支撑、敏捷研发交付、弹性资源调度及跨域协同管理等复合需求。云原生的引入是技术底座的重构，更是贯通上述多维变革的纽带——利用数字化能力重塑产品竞争力、组织协作效率和供应链韧性。

在商业模式方面，传统的商业模式主要依赖卖车和售后服务。而在智能汽车时代，除了卖车，企业还需要为客户提供订阅服务，这就对后台的技术能力提出了更高的要求，即"要能够提供大部队技术"。企业必须根据用户的使用习惯和喜好，结合最新的行业趋势，为用户提供个性化的服务和组件。这意味着，竞争力的衡量标准也从传统的性能、颜值、油耗等转变为用户体验。因此，智能座舱、智能网联和自动驾驶技术成为焦点，而这背后需要强大的服务支持体系，"我们接触到的是车的终端侧，但服务侧其实做了大量的工作"。

后续，需要在智能化、共享化、网联化、电动化，即智能出行服务领域"新四化"方向持续探索和深度布局。该方向的关键应用场景对计算能力、服务伸缩性、响应速度、升级发布频率的要求极高。云原生技术在此过程中扮演着核心角色，其微服务架构、容器化封装和 DevOps 协作模式，不仅能够支撑高并发和海量数据处理，还能通过自动化的部署与弹性伸缩机制，为订阅服务模式提供持续迭代和快速上线的能力。这样一来，企业便能根据用户个性化需求和实时驾驶数据，灵活地调整和升级产品功能，更好地满足用户对智能出行服务的期望。

云原生的关键优势还体现在对跨平台、跨场景的有效支持上。对智能汽车而言，不仅需要终端侧的持续联网和更新，也需要云端后台的大规模计算能力与智能调度。云原生的微服务体系可以让功能模块独立开发、测试和部署，一旦出现问题或需要更新，无须对整个系统进行停机维护，只需要对相应服务进行滚动升级或替换。这种灵活、高效的升级发布模式能够大幅缩短从开发到上线的周期，让企业更快地响应市场需求并推出订阅服务的新增功能。

因此，云原生技术与智能出行时代的新商业模式高度契合：它提供了足够的技术弹性与效率，既能支撑企业从"卖产品"转向"卖服务"的商业变革,也能帮助企业在激烈的市场竞争中,通过更好的用户体验和更丰富的服务形态,提升自身的竞争力。

在研发和生产流程方面,为了适应新智车型的快速变化,企业需要具备更强的敏捷性。传统的发布周期可能以季度甚至年来计算,但现在新车的发布周期大幅缩短。如今,中国一汽已经实现了双周迭代,即每个软件版本在两周内完成。从资源准备、服务研发到需求上线的整个过程,速度和度量标准都发生了巨大变化。在此过程中,云原生通过微服务架构、容器化封装、DevOps协作等手段,为研发和生产流程的敏捷性带来了显著提升:一方面,可以快速部署和回滚软件版本,在出现问题时能够迅速定位并隔离故障,减少对整体系统的影响;另一方面,能够通过自动化的 CI/CD(Continuous Integration/Continuous Deployment,持续集成 / 持续部署)流程,让企业更加灵活地应对市场需求,并在最短时间内频繁且稳定地推出新功能与服务。

在资源管理方面,为了应对用户流量的巨大波动,企业需要确保资源的快速调整。在新车型发布或节假日期间,用户流量的波动非常明显,尤其是到了农历年底的时候,大量人群出行,是平时流量的 3 到 4 倍。例如,2023 年春节期间,用户流量达到了平时的 30 倍以上。面对如此大的波动,企业必须能够快速、弹性地响应需求。传统的基于物理机的资源管理模式已经不再适用,取而代之的是基于容器和 DevOps 的模式。DevOps 可以解决从需求到交付的研发过程中的敏捷性问题,而容器技术则能确保资源的快速调度和弹性扩展。

在人才模型和供应体系方面,变革同样显著。随着智能汽车行业的快速发展，企业需要培养具备云原生技术的跨领域人才，支持企业在高效调度资源和保持业务灵活性方面的需求。IT体系的建设成为整个转型的关键一环。企业必须具备自动调整计算能力的灵活性，同时保持开发、测试、集成的一致性。云原生架构不仅是对当前业务需求的回应，也是面向未来发展的重要策略。在供应体系层面，云原生技术的容器化封装、微服务架构等特点，能够确保供应链信息系统的高效互联与实时更新，使供应链各环节的数据流动更加顺畅，支持更快速的响应和决策。通过自动化的资源调度和弹性伸缩，云原生技术可以有效支撑跨地域、跨业务单元的供应链协同，提升供应体系的效率和灵活性。

12.2　云原生平台的建设与价值

中国一汽秉持"自主可控""开源开放""生态共建"的建设原则，完成了云原生平台的本地部署与搭建。在平台的应用层面，中国一汽打通不同数据源的数据，沉淀能力中心，对现有应用进行基于云原生特性的升级改造，即"应用现代化"，保证了业务变化的灵活性、应用开发和测试的敏捷性、应用运维和运营方的一体性、安全管控的全面性。

12.2.1　云原生平台建设原则

中国一汽在构建云原生平台的过程中，始终坚持"自主可控""开源开放""生态共建"三项建设原则。对于中国一汽的技术体系建设，平台团队在推进云原生之前就明确了技术选择的标准，清晰划定了开发内容与非开发内容的边界，确保了平台发展的方向和重点。

首先是自主可控。长期以来，我国在部分高端技术领域，国产化能力较弱。为了解决核心技术"卡脖子""受制于人"等问题，国务院颁布的《国家信息化发展战略纲要》中明确提出到2025 年，根本改变核心关键技术受制于人的局面，形成安全可控的信息技术产业体系。由此可见，信息技术的自主可控不仅是保障网络安全和信息安全的基础，更已上升为国家层面的一项重要战略。所谓自主可控，是指实现软硬件的全面国产化，包括自主设计、自主建设、自主运维，从而摆脱对外部技术的依赖，确保关键技术不受制于人。中国一汽坚定拥护并贯彻执行自主可控原则，在云原生平台的建设过程中，实现全部核心基础设施和硬件系统国产化，核心软件系统由自建团队设计开发。此外，中国一汽的技术人员具备对代码进行漏洞修复、功能扩展以及后续开发的能力，确保代码的自主可控和灵活性。这种对代码的严格管理和自主开发能力，使中国一汽在技术上有了更强的掌控力和适应性。

其次是开源开放。开源开放通过集结群体智慧、推动协同创新，已成为技术进步和产业发展的重要模式。其中，开源主要是指源代码的共享；开放不仅针对源代码，还包括数据、技术、平台等方面的开放。对中国一汽云原生平台来说，平台作为最基本、最重要的基础软件，处于中国一汽总体 IT 建设体系上下游生态的枢纽位置，向下要兼容各种底层硬件，向上要支持各类应用中间件与应用软件。除面向用户外，平台也需要大量软件开发团队来支撑其生态建设。一个平台加入的开发者（包括中国一汽自有技术团队、合作伙伴及开源社区开发者）越多，应用的领域越广泛，社区越蓬勃生长，就越能成功。

最后是生态共建。打造新时代的汽车产业生态，离不开强有力的技术底座和技术生态的支撑，不能闭门造车。以云原生平台为基础打造的技术生态链，融合云原生、AI、区块链、介导现实、大数据、物联网等多项前沿技术能力，以开源开放的指导思想，实现自身与生态上下游合作伙伴业务平台的充分融合与数据互通，使数据价值最大化，为生态共荣和产业升级打下了坚实的基础。

12.2.2 云原生平台的应用

为了充分利用云原生平台的优势与价值，必须对现有应用进行基于云原生特性的升级改造，即应用现代化。对企业来说，无论是希望实现敏捷开发、资源弹性伸缩，还是希望实现业务灵活响应和自动化运维，都要先通过云原生实现企业应用现代化。随着企业以创新的平台战略取代单打独斗的"孤军战"，以智能的工作流程代替孤立低效的"部门墙"，以人为本的重要性越来越凸显。在这个以技术为中心的新时代，必须让技术与人性化体验相结合，这样才能获得长久的差异化优势。

应用现代化立足"全方位提升使用体验"这一大前提，以实现"敏捷交付、转型创新、节约成本和一汽上云迁移战略（基于开放统一、行业领先、自主可控的云原生基座，在 2023 年实现国资重点应用 100% 上云；综合办公、经营管理类 100% 上云；2025 年生产经营类 100% 上云，能上尽上，应上尽上；云自主可控技术占比 50%）"为总体目标，充分考虑业务重要性、业务特点与实际需求，制定统一的应用现代化上云迁移规则，之后对现有系统进行逐一评估，确定其应用现代化上云路径或明确对其进行"关、停、并、转"的处置。

中国一汽现有 IT 系统 290 余套，如此大体量的 IT 系统集群，建设思路和使用的技术栈随着技术发展呈现出明显差异，根据中国一汽应用现代化上云的重要战略方针，"上不上"和"怎么上"的问题自然就摆到了面前。一套统一、完备、可行、稳健和高效的上云迁移规则成为迫切需要的衡量标尺。中国一汽体系数字化部对现存 IT 系统进行了充分调研和盘点，结合国际国内领先行业实践与自身业务特点和需求，制定了专属于中国一汽的 IT 系统"上云迁移规则库"（下文简称"规则"）。

规则由 17 条正向决策核心规则与 3 条负向决策核心规则组成，其中正向决策核心规则即为适合应用现代化上云的条件；负向决策核心规则即为一些限制约束条件，或不适合通过特定路径上云的条件，例如其中的"对于算力要求较高的平台，不建议上容器云"。根据上述规则，截至 2024 年 6 月，中国一汽对现存的 290 余套 IT 系统进行分类，已确认进行日落处理的共 131 套系统。在 2022—2023 年两年间，对共计 121 套系统进行了容器化、105 套系统进行了微服务化，实现了国资重点应用、综合办公与

经营管理类系统的 100% 自主化。计划在 2026 年实现 OA 系统
（办公自动化系统）和核心生产运营类系统的 100% 自主化。

12.2.3　云原生平台建设价值

在完成平台建设以及应用现代化上云后，云原生平台从
IaaS、PaaS、开放平台、开发运维运营一体化和安全管控等多个
方面提供服务能力，与传统的技术平台相比，云原生平台为诸多
相关方带来了重要价值。

首先是从业务需求方的视角出发，对中国一汽来说，建立混
合多云底座，可以为创新和降本活动校准方向。自主研发前端架
构能够保证业务的灵活性，将云应用部署在云端，业务需求方能
根据自己的资源需求自助使用服务。云原生应用的敏捷性也赋予
了业务需求方更敏捷的业务能力，可以帮助他们应对快速变化的
市场。

其次是对应用开发和测试方而言，开源开放技术平台实现了
IT 自动化，加速了应用交付。通过 DevOps 方法，平台能够促进
各方协作，从而缩短开发周期、提高效率，最终实现持续交付。
同时，中国一汽云原生平台引入微服务技术，让开发者只需要纯
粹地关注业务，无须考虑技术组件，无须考虑部署，无须考虑算
力，也无须忧心运维。

再次，对应用运维和运营方而言，一体化开发运维运营，可
实现统一管理、统一标准的持续交付和高级部署，以及自动化 IT
运营。企业可以保证业务优先。同时，中国一汽云原生平台将 IT

运维视角转向"可观测性",云原生可观测性不仅包含传统监控的能力,更多的是面向业务,强调业务全程透明。

最后,对安全管控方而言,中国一汽云原生平台通过建立云安全体系以应对云安全挑战,全面满足云服务的安全需求。通过采用云原生弹性扩展、按需分配等,来进行安全产品的设计开发和部署。从基础设施安全、云原生计算环境安全、云原生应用开发运营安全和安全管理四个维度,进一步构建云原生安全架构模型。

12.3 本章小结

本章详细介绍了中国一汽选择建设云原生平台的前因后果(见图 12-1)。

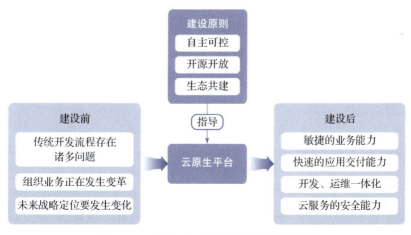

图 12-1 中国一汽云原生平台的总结框架

　　中国一汽自主建设云原生平台并不仅仅是技术层面的选择，更是基于行业趋势、企业战略以及内部组织变革的多重考量（12.1 节）。中国一汽在云原生平台的建设中确保核心技术的独立性与安全性，避免受到外部技术的制约。中国一汽并不是闭门造车，而是秉持开源开放的态度，实现自身与生态上下游合作伙伴业务平台的充分融合与数据互通，为生态共荣和产业升级打下坚实基础。中国一汽选择通过自主研发云原生平台，实现技术架构的标准化、模块化和灵活扩展，从而大幅提升资源利用效率，确保应用的快速交付，降低运维成本，支持业务的快速迭代，构建云原生安全架构（12.2 节）。

　　中国一汽自主建设云原生平台这一决策深刻体现了企业对未来的前瞻性思考，不仅解决了历史遗留问题，还为未来的智能汽车业务打下了坚实的技术基础。利用云原生技术，中国一汽完善其技术架构，最终提高了业务的敏捷性和创新能力。

| 第 13 章 |

AI 大模型

加快推动人工智能发展是企业抢抓战略机遇、培育新质生产力、推进高质量发展的必然要求。中国一汽敢为人先，在行业内较早进行了 AI 大模型的探索，希望能够为其他想要应用 AI 大模型的企业带来新的思考。本章探讨中国一汽在 AI 大模型领域的建设与应用。首先，介绍中国一汽建设 AI 大模型的过程，包括建设方法、建设人员的 AI 能力，以及在数据、算力和算法方面沉淀企业级 AI 资产。其次，分享中国一汽在业务领域对 AI 大模型的应用。最后，通过红旗云妹和 GPT-Code 两个案例，具体说明中国一汽在 AI 大模型技术上的实际应用和成果。

13.1 AI 大模型的建设

中国一汽主要从三个方面着手，进行自身 AI 大模型的建设，分别是建设方法——孵化了"5 阶 25 步"AI 应用建设方法，建设人员能力——梳理了 AI 关键角色—能力矩阵，以及沉淀以数据、算力和算法为核心的 AI 资产，接下来将对这三个部分进行详细介绍。

13.1.1 AI 大模型的建设方法

在建设 AI 大模型的过程中，需要一套方法论来指导工作。数据创新与试验部总监说："（我们）在行业里去找，AI 大模型在一个企业里到底用什么方法去建设，其实也没有找到一个比较标准的或者说比较先进的（方法）。"因此中国一汽结合自身实践，总结出覆盖场景设计、数据准备、模型研发、应用集成、运营迭代端到端的 5 阶段建设方法，支撑 AI 大模型场景的建设工作。

第一是场景分析与设计阶段。这一阶段的关键任务是识别 AI 应用场景并进行详细的需求分析，确保对实际业务需求有充分理解，然后设计出符合这些需求的 AI 技术架构。

第二是数据集研发阶段，这一阶段首先是设计规范的数据集标注，以确保标注过程的一致性和准确性，然后按照规范进行数据集的标注，生成高质量的训练和测试数据。在数据集标注完成后，对数据集进行质量清洗，去除噪声和错误数据，确保数据的高质量。此外，还需要开发数据集泛化的脚本，扩展数据集的多样性和覆盖面，最后开发数据集格式转换的脚本，以确保数据集在不同的环境和工具中都能使用。

第三是模型研发阶段，也是整个过程的核心部分。首先需要搭建模型研发的环境，包括硬件和软件的基础设施。然后建立向量知识库，为模型提供知识支持。在这之后，设计提示词（prompt）模板，以指导模型生成所需的输出，然后开发模型训练的脚本，启动模型训练过程。在训练过程中，需要配置模型参数，优化模型性能，并通过评估和分析模型的效果，确保模型达到预期性能。根据评估结果，对模型进行迭代，不断提升模型性能。

第四是应用工程化阶段，即将研发好的模型转化为实际可用的应用。首先对模型进行量化加速，提高其运行速度和效率，然后将模型封装成镜像包，便于部署和管理。发布、存储和管理这些镜像包，确保模型的可用性和稳定性。在进行前后端开发和联调时，确保用户界面与后端模型服务和工具调用之间紧密衔接，实现整体系统的高效协同运行。最后进行 AI 系统的全链路测试，验证系统的整体性能和稳定性。

第五是场景运营迭代阶段，这一阶段的任务是发布 AI 应用并跟踪其推广效果，评估应用的实际效果。收集并复盘不良案例，分析问题所在，并进行修复和测试，确保问题得到解决。最后，对模型进行升级并部署，保持模型的持续改进和优化。

这里提到的 5 阶段建设方法是一个完整的体系，涵盖了各个步骤和环节。在实践过程中，如果场景较为简单，可以根据实际场景对方法进行"裁剪"，如果遇到更复杂的场景，可以对方法进行补充和调整，这个方法并不是一成不变的，更多的是提供了一个具体的操作指引，帮助读者了解如何开展相关工作。

13.1.2　建设人员的 AI 能力

AI 大模型的建设涉及多种人员和多种能力，需要全员参与。尤其是考虑到 AI 大模型最终要为业务创造价值，业务人员的参与至关重要，这不仅仅是 IT 人员的任务，更不能依赖外包。为了推动全员构建自主的 AI 能力，中国一汽建立了"2053 实验室"。

> 这个实验室为什么叫 2053，是（到 2053 年）中国一汽建厂百年。成立 2053 实验室是（因为）我们的理想是要把真正的技术能力根植于中国一汽本身，而不是说买的，就是说中国一汽一定要在不同领域有一些原生的基础能力，不要都靠别人
>
> ——中国一汽数字化转型委员会

在建设过程中，不同角色和团队在整个过程中的分工与合作至关重要，中国一汽通过组建以人工智能、业务和 IT 技术为核心的联合战队，识别出 AI 大模型建设的关键角色，并构建出一整套人员能力模型。

其中的角色包括业务部门的高级经理和 AI 专员、战队的 AI 产品经理、IT 开发人员和初级算法工程师，以及 2053 能力中心

的算法工程师、AI 架构师、Prompt 工程师和数据工程师。这些角色的协同合作，确保了 AI 大模型建设的顺利推进。

能力模型涉及多个方面，包括 AI 基础原理与工具使用、AI 需求分析与数据处理，到 AI 架构设计、前沿技术跟踪及算法选择、模型训练环境部署、数据处理及清洗、模型研发、语言生成及优化、prompt 模板设计、微调训练与评估、模型量化加速、模型集成部署与管理、AI 应用发布推广及效果跟踪、bad case 收集与复盘等。

对每个角色在这些能力上的具体要求也有详细规划，例如高级经理和 AI 专员需要理解 AI 场景识别和需求分析，对 AI 产品经理和 IT 开发人员在 AI 架构设计和模型训练等方面则有更高的要求，而算法工程师、数据工程师和 AI 架构师则需要掌握从数据处理到模型优化的全过程。

此外，能力模型也强调了各团队之间的协作和能力互补，确保在 AI 大模型建设中，每个环节都有专人负责，每个步骤都有明确的分工和合作，从而推动整个项目的顺利进行和高效落地。

13.1.3　沉淀 AI 资产

在建设过程中，中国一汽沉淀了三方面企业级的 AI 资产，包括数据、算力、算法。

在数据方面，为了提升 AI 大模型的认知能力及泛化能力，中国一汽创建了一套完整的评测集设计与泛化技术方案，利用模型泛化能力增加训练数据多样性，确保模型智能性和准确性，并成功完成测试和上线，达到了 92.5% 的准确率。同时沉淀了 20 余万条优质数据集，为未来的决策分析类模型训练提供了坚实基础。

在算力方面，中国一汽通过引入华为昇腾系列及 CANN 算子的测试和计算效率，构建了本地及云上的 AI 大模型训练和开发环境。本地 AI 研发及应用环境包括推理服务器和训练服务器，分别使用 910B 服务器进行推理和训练任务；云上的 AI 应用研发环境依托华为 AICC 平台，实现更大规模的模型训练和推理支持。这些基础设施的建设，使中国一汽能够灵活应对不同的 AI 研发需求，为 AI 大模型技术的深入探索提供了强有力的硬件支持。

在算法方面，中国一汽设计了大模型和小模型融合的架构，包括 NL2SQL 等大模型，沉淀数据泛化、拒识、意图识别等 NLP 小模型。这些模型通过 GPT-BI 框架进行集成，从而在多种应用场景中展现出高效的性能。GPT-BI 模型的准确率从最初的 65% 逐步提升至 92%。整个过程中，AI Agent 通过多轮优化，结合大模型和小模型的优势，不断提升系统的智能化水平和应用效果。

13.2　AI 大模型的应用

AI 大模型的发展让人工智能实现了通用化，虽然 AI 大模型具备底层学习、推理和泛化能力，但如何在传统企业中落地应用仍是一个挑战。过去两年，中国一汽通过高质量的数据积累和业务场景的深度应用，验证了数据、算法与算力在 AI 大模型中的协同效应可以转化为实际业务价值。

中国一汽在应用时发现 AI 大模型有时会给出不准确的答案，因此引入了小模型进行精细调整，拒绝不相关的问题，并进行数据泛化。通过泛化技术，原本几千条的数据扩展成 18 个数据集，模型的精度有所提高。在应用过程中，中国一汽也探索了多种优化策略，包括知识库挂载和基模全量调整，最终形成了闭环应用。

目前，大模型在整车研发、智能制造、营销和企业经营领域都有广泛应用，彻底颠覆了传统业务运行模式。

在整车研发阶段，AI 大模型技术被应用于概念设计、仿真测试、安全评估等多个环节，凭借其强大的学习与预测能力，缩短产品开发周期，提升研发效率与质量，确保车辆性能达到最优状态。同时，通过分析市场趋势和用户偏好，AI 大模型能够为产品规划提供精准导向，促进个性化、定制化车型的研发，满足多元化市场需求。

在智能制造领域，中国一汽利用 AI 大模型优化生产流程，实现供应链管理的智能升级。通过对生产数据的深度学习，AI 大模型能精确预测物料需求、优化库存策略，以及提前识别潜在的生产瓶颈，从而降低运营成本，提高生产灵活性和响应速度。此外，结合物联网（IoT）技术和实时数据分析，AI 大模型在设备维护中扮演重要角色，通过预测性维护减少非计划停机时间，保障生产线的高效稳定运行。

在营销层面，中国一汽运用 AI 大模型进行消费者行为分析，构建精细化用户画像，以此指导营销策略的制定与执行。这不仅增强了市场推广的精准度和有效性，还促进了客户体验的个性化，如智能推荐系统能根据用户的购车意向和历史行为，提供定制化的产品信息和服务方案，增强用户黏性，提升品牌忠诚度。

在企业经营方面，AI大模型技术助力中国一汽实现决策支持系统的智能化转型。通过对财务、人力资源、供应链等多维度数据的综合分析，AI大模型能够为管理层提供决策支持，优化资源配置，提升企业运营效率和风险管理能力。特别是在面对复杂多变的市场环境时，AI大模型的前瞻性洞察力成为企业战略调整和应对不确定性的有力工具。

中国一汽在AI大模型的应用探索中，不仅推动技术创新与产业升级的深度融合，还通过构建开放合作的生态体系，促进产业链上下游协同创新，为中国汽车行业的智能化转型树立了标杆。

13.3 中国一汽 AI 大模型应用案例

在 AI 大模型的应用场景上，中国一汽已有两个较为成熟的案例：红旗云妹和 GPT-Code。

13.3.1 红旗云妹：中国一汽智能服务助手

红旗云妹是中国一汽基于 AI 大模型打造的企业移动端智能服务助手，它的成功重塑了中国一汽内部的信息获取渠道、员工办公模式和企业决策方式。

红旗云妹的前身是由中国一汽体系数字化部 2053 实验室打造的首款 AI 大模型应用——GPT-BI。它基于当前最前沿的人工智能技术——生成式预训练大模型打造。这一 AI 大模型应用的背后是复杂的数据治理过程，中国一汽基于自主构建的指标数据治理"五阶十六步"法和信息架构治理"六阶十八步"法来保证数据准确性（10.2.3、10.2.4 小节），将指标解构成指标对象、维度和度量，实现了指标的数字孪生。有了高质量数据资产的沉淀，接下来选择以 AI 大模型作为数据应用的核心引擎。基于 AI 大模型特有的理解能力、生成能力及泛化能力，设计并打造 AI 大模型的改写能力、召回能力、NL2SQL 能力以及拒识能力，使其可以通过用户简单的自然语言输入，自动理解查询意图、在钉钉端反馈并自动生成可视化图表。

上线不到 1 年时间，红旗云妹的准确率已从上线初的 84.4% 提升至 92.3%，响应时间也由 17.5 秒缩短至 7.65 秒。这个过程是非常艰难的，中国一汽在这个过程中做出了很多努力，克服了诸多困难。例如，综合考虑 AI 大模型的泛化能力和推理速度，中国一汽选择了 QWEN-14B 为基模，而不是参数更大的 72B。其次，在企业应用场景中，为了杜绝"AI 大模型幻觉"这个现象，中国一汽开发了拒识小模型。接着，为了弥补 AI 大模型没有学习过企业的专有知识，中国一汽外挂了 RAG 知识向量库。当前，中国一汽已完成生产、营销、财务、质保等领域核心指标的上线，并由 AI 大模型按照业务逻辑，自动完成这些指标的自由组合、加工和计算，后续中国一汽将实现全域指标 100% 覆盖。紧接着当发现准确率遇到瓶颈，无法提升的时候，中国一汽又毫不犹豫地开展 AI 大模型的全参微调。最终，形成了"微调大模型 + NLP 小模型 +RAG 检索增强"的 Agent 架构。

首先，红旗云妹不断进化，逐步成为中国一汽自己的智能服务助手。当前用户可以通过移动端钉钉平台直接进入应用。作为未来企业移动端的唯一办公入口，红旗云妹现阶段的第一个重要功能就是重塑信息获取渠道。依托 AI 大模型的技术，中国一汽基于构建企业全领域的知识向量库，通过问答的形式提升员工获取知识和信息的效率和体验感。例如遇到用户询问："购买红旗车，请问车补是多少？主任级别的车补是多少？"以前若想获得这类资料，需要员工查询资料和文档。而当中国一汽将知识文档沉淀为 AI 资产后，通过利用 AI 大模型技术构建的企业全领域知识库，员工可以通过"文字或语音输入问答、AI 大模型推理生成、数据中台 SQL 计算、应用端可视分析"的端到端链路，以生成数据结果及图表的方式即时获取知识成果。

其次，红旗云妹还重塑了全员的办公模式。中国一汽通过 AI 自动化业务流程，将一些企业业务办理的方式集成在红旗云妹上，通过问答的方式自动触发并办理业务流程。例如员工需要办理在职证明、收入证明用于买房子或者办签证，以往需要前往办事大厅，在线下接待人员的协助下完成办理。现在员工可以通过与红旗云妹对话的方式完成，比如文字或者语音发送"云妹我想买房子，你帮我开个在职证明"，红旗云妹接受指令后便会即时出具。这有效降低了业务办理门槛，缩短了业务办理周期。面向企业员工，红旗云妹逐步消灭了文本类工作，将与日常工作息息

相关的政务处理、政策咨询、知识检索及自动化任务执行等服务
场景交给 AI 大模型，服务类员工减少 50%。

最后，红旗云妹能够助力管理者进行经营决策。AI 大模型应
用作为数据的关键枢纽，是企业最核心的决策辅助，能深入挖掘
数据背后的价值，将隐晦不明的信息通过图表展现，一目了然。
而红旗云妹将报表的开发周期从传统的 7 天缩短至 5 秒，用户可
以通过自然语言的方式对其提问，快速获取企业核心经营指标的
实时数据结果及可视化图表，实现"问答即洞察"。因此红旗云
妹可以通过问答的方式，提供指标问答即洞察、业务目标动态优
化等功能，为管理层提供指标洞察与智能分析服务，实现企业智
能运营及决策辅助。

接下来中国一汽将进一步探索红旗云妹的智能分析能力。通
过不断输入企业内外部数据与业务知识，持续增强知识向量库及
微调大模型，打造中国一汽智能分析 AI 大模型，在数据可视的
基础上进一步实现根因诊断、预测分析、方案生成等能力，支撑
产品策划、经营分析、产销平衡等业务领域的预测和分析。后续
中国一汽将把红旗云妹与各领域的顶层报告集成，将顶层报告里
的指标数据 AI 化，管理者只需点击该指标，红旗云妹即可通过
解析指标血缘和业务决策因子，形成智能思维链，给出分析报
告，辅助管理者识别问题的真因，摒弃了从多个领域的报告里交
叉查看、层层下钻的分析决策模式，真正实现智能决策辅助。

同时中国一汽将会推动 AI 全面驱动业务重构。当前，中国
一汽强调业务需求牵引，以场景驱动 AI 能力的建设，覆盖研、
产、供、销等 9 大场景，加速提升中国一汽运营效能和产品竞争

力。未来，中国一汽将以 AI+ 能力驱动业务重塑，实现 AI 大模型能力与工作台的深度融合，业务单元 AI 化率超过 50%。

13.3.2　GPT-Code：用 AI 写代码

中国一汽还开展了另外一项 AI 大模型的应用项目 GPT-Code，希望通过大模型和 AI 技术，实现代码开发的自动化和标准化，从而提高开发效率并减少人力投入。

目前这个项目已取得显著进展。系统运维的问答助手已经上线，所有用户均在使用。此外，中国一汽在公有云的 SaaS 服务方面也有了突破，通义灵码系统已被全员应用。该系统有两大特点，第一是能够进行代码修改，第二是能够帮助进行代码续写，这与 AI 大模型的工作原理类似，特别是对于企业特定功能区的场景，这种方法十分有效。

对代码测试来讲，每次程序上线前都需要进行大量测试，以往的测试方法是单元测试，将大程序切分成小块，分别进行检查。然而，这种方式的工作量巨大，编写检查程序的工作量通常是编写原程序的一半，这常常导致工程师偷懒，堆到最后一起测试，最后上线前发现大量 bug（漏洞），影响质量和进度。AI 代码检查工具可以快速、高效地生成检查代码，显著提高检查效率和准确率，帮助工程师更好地进行单元测试。该工具可以发现并解决约 30% 的 bug，显著减少了人工检查的时间和工作量，从而提升了整体开发效率。

在前端开发方面，中国一汽目前已经实现将设计图输入 AI

大模型，模型会自动生成相应的前端代码。这种方式不仅提高了开发效率，还使开发过程更加规范和自动化。具体步骤是，前端开发工程师首先获取 UI 设计图，然后利用集团自研的代码生成插件，将设计图上传，AI 会自动识别 UI 设计图中的元素并生成代码，整个过程只需一分钟左右。这种技术目前在表格类前端生成上已经实现应用，未来将进一步扩展到更复杂的界面元素。通过这种方式，开发人员能够将更多精力集中在业务逻辑和功能实现上，而非重复性地编写相似代码。

总的来说，通过这些技术创新和投入，中国一汽不仅显著提升了系统的智能化水平和开发效率，还为未来的技术发展和应用奠定了坚实的基础。中国一汽的目标是通过大模型和 AI 技术的应用，推动开发流程的全面转型和升级，最终实现更加高效、智能的开发环境。这些成果不仅展示了中国一汽在 AI 技术领域的前瞻性和领导力，也为行业树立了新的标杆。

13.4　本章小结

本章介绍了中国一汽对 AI 大模型这一技术的深度探索与实践（见图 13-1），中国一汽在这个过程中展现出前瞻性的战略布局和深刻的行业理解。随着 GPT 技术推动 AI 进入快速发展阶段，AI 应用成为众多企业重点布局的数字化新形态。然而，行业内缺乏可借鉴的成熟方案，中国一汽自主探索 AI 大模型应用的路径，形成了具有自身特色的技术与业务融合实践。

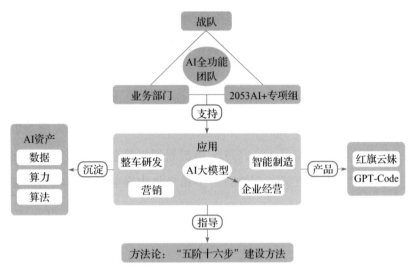

图 13-1　中国一汽 AI 大模型前沿探索的总结框架

　　中国一汽的 AI 大模型应用涵盖了整车研发、智能制造、营销和企业经营等多个领域（13.1 节）。为了有效推进 AI 大模型技术的落地，中国一汽总结出"五阶十六步"建设方法，并组建了涵盖战队、业务部门和 2053 AI+ 专项组的 AI 全功能团队，形成了系统化的人员能力模型。通过这些方法和团队的协作，中国一汽在数据、算力、算法等方面积累了丰富的企业级 AI 资产，进一步增强了企业在 AI 领域的竞争力（13.2 节）。目前在数据分析、提升技术团队效率和推动业务创新方面已有成熟案例（13.3 节）。

　　中国一汽在 AI 大模型领域的探索与应用，不仅是技术发展的自然延伸，更是企业在新时代抢抓机遇、提升核心竞争力的战略选择。这一探索体现了企业从技术创新到业务模式变革的全方位思考，推动了传统汽车行业向智能化、数字化的转型。

本篇总结中国一汽在研发、营销、生产制造、人力资源管理、财务管理等领域通过数智化转型取得的卓越成果和业务增长的经验。

五、转型成效篇

第 14 章

转型成效

中国一汽实现了研发、营销、生产制造、人力资源管理、财务管理等领域的数智化，成为国企数智化转型的先行企业，勇担对外赋能企业数智化转型新使命，共享转型方法，输出数智化产品，共建数智化能力。

14.1 研发数智化

研发能力是企业竞争力的核心要素。拥有自主的核心产品和技术是企业脱颖而出的关键。汽车研发更是典型的流程驱动型、人员密集型业务，研发场景多变，研发要素复杂、密集。传统研发模式在研发周期、研发成本、客户体验、研发效率等方面已不能满足新的需求。因此，在数智化转型初期，中国一汽高层即将研发视为变革的核心驱动力，秉持"精准投入，高效研发"的理念，推进研发环节的全面数智化，力求在内部构建独特的研发模式，同时在外部市场上塑造鲜明的差异化竞争优势。

14.1.1　研发周期缩短

数智化转型之前，中国一汽的汽车研发周期长，大致可分为概念开发、设计开发、试制试验三大阶段。在概念开发阶段，中国一汽致力于塑造汽车的初步形态，包括造型设计、外观美化、车身结构设计及内部布局规划等。同时，还会对概念模型进行初步测试与模拟，验证其可行性与市场潜力。在设计开发阶段，中国一汽聚焦于零部件的精细设计。鉴于一辆汽车由成千上万个零部件组成，工程师们需根据车型特点，精心设计匹配的零部件。这一过程复杂且耗时，需要庞大的工程师团队共同努力。在试制试验阶段，要全面检验汽车的性能表现。为确保汽车在不同环境下的稳定性和安全性，需在极端气候及多样地形中对样车进行严苛的测试。通过这些测试，能够有效地评估并改进汽车的性能。

中国一汽构建了高度集成的数智化研发体系，搭建起基于数字孪生技术的协同设计平台，推动研发向智能化迈进。这一设计平台如同一座桥梁，连接起概念开发、设计开发、试验试制三大阶段的每一个环节。这极大地缩短了产品从产生创意到生产的周期，通过在线协同的方式，也可以让多个专业团队跨越地域和时间的限制，实现远距离对接与高效协同。尤为值得一提的是，中国一汽还充分利用 AI 技术，实现了设计开发过程的智能化升级。AI 技术辅助的自动出图功能，让传统的一张张绘图成为过去，减少了设计师的重复劳动，让设计师可以更加专注于创意和细节调整。这极大地缩短了设计周期，也提高了图纸的精确度和一致性。智能化工作方式的引入，不仅减轻了研发人员的负担，更为企业的开发效率带来了前所未有的提升。

14.1.2 研发成本降低

对于汽车设计这一高度专业化的领域，评审专家的意见起着举足轻重的作用。在中国一汽的传统研发流程中，人工评审不仅是保障设计质量的关键环节，更是技术创新与工艺优化的重要推动力。评审专家们凭借深厚的专业功底，精心对比设计方案与实体模型，确保设计方案既符合美学标准又满足技术需求。然而，这一传统评审方式也存在很多缺陷。多轮次的模型制作与调整不仅耗时费力，还极大地增加了研发时间成本与资金成本。面对激烈的市场竞争和快速变化的市场需求，如何让评审流程变得高效与经济是汽车设计领域亟待解决的问题。

针对新产品研发成本高的问题，中国一汽积极拥抱数字技术，对传统工艺评审流程进行了全面革新。具体而言，依托协同设计平台，研发人员能够随时随地向评审专家在线提交设计图。评审专家收到设计图后，能够迅速展开工作，并直接将评审意见反馈至研发团队。同时，中国一汽还依托海量的历史数据和实时采集的作业数据，构建了智能评审模型。这一模型能够自动对整车设计进行全方位、多角度的评估，包括安全性、强度、耐久性等多个关键性能指标。相较于传统的人工评审方式，智能评审模型不仅使工艺评审效率提升了 80% 以上，还显著提高了评审的准确率，减少了人为因素导致的误差，有效节省了研发过程中的时间成本和资金成本。

14.1.3　研发业务在线协同

汽车研发业务既依赖工程师的个人经验，又需要跨部门、长周期协作。在传统汽车研发过程中，最佳实践经验没有被及时总结、记录、共享，导致在产品功能数量大幅增加、客户对产品质量要求更加严苛的情况下，大量问题重复发生，阻碍了汽车研发效能的提升。中国一汽需要探寻一套高效的方式，提前发现问题，自主解决问题。研发业务在前后序交付过程中强依赖点对点沟通，导致研发与制造、营销、采购等部门信息同步不及时、重复核对工作多、业务协作程度低，研发效率及准确性均有待提升。例如，研发与营销两大核心部门之间界限分明，有一道看不见的"部门墙"，客户的真实需求与反馈往往需要经过一条复杂且漫长的路径才能抵达研发端。在营销端，客户的声音首先被营销人员捕捉，随后经过跨部门的层层传递，最终到达研发总院。此间，不仅消耗了大量时间传递信息，信息本身还极易在层层传递中遭误解、曲解。即便客户的需求信息能够完好无损地抵达研发总院，面对市场环境的瞬息万变与客户需求的持续变化，这条漫长的信息传递路径也会使企业丧失竞争优势。当产品上市时，它所面对的市场以及客户的需求已经发生了改变，导致出现产品面世便与市场需求不完全契合的情况，从而影响了产品的市场竞争力与企业的长期发展。

中国一汽基于业务单元理念构建云工作台，推动业务流程在线和业务模式重构，实现研发业务全面上线、全链路产品数据协同共享。围绕研发核心业务，实现业务数据的模型化、模板化和结构化，由传统交付向标准化数据交付方向演进，借助云工作台中的能力中心让研发知识显性化、经验可传承，做到事前指导、事后自查，为企业应对复杂的环境变化及高质量发展提供数智保障。中国一汽结合清晰的流程架构，进一步将流程规则化，上序即时交付、下序即时可视，快速协作，降低了沟通成本。此外，中国一汽针对研发与营销、采购、质保等部门协作的场景，实现信息打通，设计任务书、试验报告等研发交付即时传递、等距协同。针对开发场景中普遍存在的数据版本多、任务可追溯性差、重复操作耗时等问题，通过统一数据源的模型共享、任务在线协同，实现设计过程共享化、在线化、自动化，协同工作效率大幅提升。例如，中国一汽成功地实现了研发总院与营销中心之间的信息贯通与对接，两个部门能够实时共享关键数据、市场趋势、客户反馈等信息。营销部门凭借敏锐的市场洞察力，能够迅速捕捉并整理客户的真实需求与偏好，并将这些信息准确无误地传递给研发总院。而研发总院则依托这些信息，快速响应市场变化，灵活调整产品策略，将这些信息应用到新产品的设计中，确保每一款产品都能精准满足客户需求。这种跨部门的高效协同机制，不仅极大地缩短了产品从概念到上市的周期，还使中国一汽的产品研发更加贴近客户实际需求，增强了产品的市场竞争力。同时，也促进了企业与客户之间的深度互动，通过持续的产品迭代，不断巩固并深化客户对企业的信任与依赖，最终形成强大的客户黏性和品牌忠诚度，为企业的长远发展奠定了坚实的基础。

14.2　营销数智化

随着市场竞争的加剧和客户需求的变化，中国一汽面对的客户要求越发严苛。客户不仅追求更短的定制产品交付周期，以满足个性化、即时化的消费需求，还对产品品质提出了更高标准，要求每一细节都尽善尽美。另外，中国一汽内部营销体系也面临着效率提升的紧迫需求。

14.2.1　营销模式直达客户

作为国内传统的汽车制造企业，在中国一汽的发展历程中，经销商模式长期占据主导地位。这一模式下，企业的销售与服务主要面向经销商，而与终端消费者之间隔着一堵厚厚的"经销商墙"。这种间接的客户关系使中国一汽与真实市场需求产生距离，难以直接捕捉到消费者的细微需求与偏好变化，这无疑限制了其在产品创新、服务优化等方面的精准度。

为解决上述问题，中国一汽积极拥抱数字技术，打造了包括微信公众号和小程序、专属 App 等在内的多元化客户生态云平台。

这一平台不仅是对传统营销体系的创新与超越，更构建了一个全方位、多层次的数字化交互体系，让"以客户为中心"的理念得以具象化。在平台上，通过高清的产品展示、详尽的产品说明、生动的使用场景模拟，客户能够全方位、多角度地感受每一款车型的独特魅力与精湛工艺。同时，平台还融入了品牌故事、企业文化等软实力元素，让客户在选购车辆的同时，也能深刻理解品牌价值观，增强品牌认同感与归属感。尤为值得一提的是，中国一汽并不仅把现有产品从线下搬到了线上，而且还积极探索和实践全新的营销模式。通过直播、短视频等新媒体形式，开展线上发布会、试驾体验分享等活动，为客户带来前所未有的参与感和互动体验，极大地提升了品牌影响力和市场号召力。在客户服务方面，通过构建员工与客户直接对话的渠道，平台实现了问题的快速响应与高效解决。无论是购车咨询、技术疑问还是售后服务，客户都能享受到一对一的专业指导与贴心服务。特别是其 24 小时在线客服系统，打破了时间与空间的限制，确保客户在任何时间、任何地点都能获得及时的帮助与支持，极大地提升了客户满意度与忠诚度。并且，中国一汽通过收集与分析客户反馈，准确把握市场动态与客户需求变化，为产品迭代、服务创新提供了有力支持。这种以客户为中心、技术为驱动的营销模式，不仅增强了企业的市场竞争力，也为整个汽车行业的数智化转型树立了新的标杆。

14.2.2　数据利用能力提升

中国一汽在销售端的数据管理体系存在明显缺陷。在销售环节中，销售数据与客户信息未能得到系统的记录与分析，导致企业在制定营销策略、优化渠道布局、调整分销策略及深化消费者运营时缺乏强有力的数据支撑。在数字化时代，数据的价值不言而喻，而缺乏数据驱动的销售管理，无疑会让企业在快速变化的市场环境中显得局促，难以精准、高效地推进品牌建设、广告促销等关键营销活动，影响了市场占有率的提升与品牌影响力的扩大。

为解决数据记录不足、无法用数据指导营销活动、资源分配和优化决策缺乏数据支撑等问题，中国一汽充分利用数字技术，构建了一个集成化的数据平台，实时捕获并整合来自各个业务环节的海量数据，包括业务运营数据、用户行为数据以及市场反馈信息等。经过深度挖掘与分析，这些数据不仅揭示了客户群体的深层次特征，如消费习惯、兴趣偏好及潜在需求，还为中国一汽形成了企业客户数据资产体系。基于这一体系，公司能够运用先进的机器学习和智能数据分析技术，构建出精准的数据模型，实现对市场动态的智能化响应与预测。在个性化服务方面，中国一汽充分利用数据分析的成果，提升每位用户的交互体验。从客户在平台注册起，系统便自动分析其性别、年龄、地域等基本信息，结合历史购买记录与浏览行为，精准推送符合其个性化偏好的产品或服务。不仅如此，中国一汽还将数据分析与智能技术深度赋能经销商，通过为经销商提供强大的数据分析工具与 AI 支持，帮助它们更好地了解客户需求，快速响应市场变化。经销商能够利用这些数据洞察，优化库存管理，提升销售转化率，并通过精准营销吸引更多潜在客户。此外，在车辆的售后服务环节，中国一汽依托车联网与数字孪生技术，对车辆运行状态进行实时监控与数据分析，提前预警潜在故障，确保客户行车安全，同时也为后续的维修保养提供了数据支持。总之，中国一汽通过构建全面的数据资产体系与智能化数据分析平台，不仅解决了数据记录、效果分析及资源分配等方面的难题，还推动了企业与客户关系的深度变革，实现了从产品导向到用户导向的转型升级。

14.2.3 跨部门在线协同

中国一汽的营销系统与其他核心系统（如供应链管理系统、财务结算系统等）之间的业务串联不顺畅。这种业务流程方面的障碍，不仅限制了订单、合同等关键业务数据的高效流转与无缝对接，增加了人工成本，还严重制约了整体运营效率的提升与数据的准确性。此外，业务流程的透明度与可追溯性降低，出现问题时难以迅速定位问题源头，更难以将责任明确到具体环节与责任人，从而增大了运营风险与不确定性。

为解决营销部门与其他部门的信息壁垒问题，中国一汽实施了系统性的具体改革措施，围绕营销业务全面重构了现有业务流程。通过工作台系统，不仅实现了销售、物流、供应链、财务等多个关键部门间业务的无缝对接与标准化处理，还进一步细化了各业务环节之间的关联，确保了数据流在各个环节顺畅流转。这一举措不仅提升了业务处理效率，还通过数据的集中化管理与可视化展示，为管理层提供了更加直观、全面的业务洞察，为精准决策提供了坚实的数据支撑。同时，中国一汽还高度重视业务管理的责任落实。通过明确订单责任主体、建立严格的追责机制，以及优化订单管理流程，公司确保了每一笔订单都能得到及时、有效的处理与跟踪。这种高度透明的管理模式不仅提升了订单处理的效率与准确性，还增强了员工的责任感与执行力。更为重要的是，中国一汽的这些改革举措并非孤立存在，而是相互关联、相互促进的，它们共同构成了一个完整的营销体系，为公司的长远发展注入了强大的动力。

通过数智化解决方案，中国一汽成功地解决了企业营销方面存在的业务痛点，具备了全面的数智化营销能力，在改善业务运营效能、提升客户满意度等方面取得了优异成果，线索到店率提升了 15% 以上，单线索成本降低了 30% 以上。

14.3 生产制造数智化

随着数智化转型的持续推进，中国一汽成功打造了基于 5G+ 工业互联网的数智化工厂。通过深度融合物联网、大数据、云计算、AI 及数字孪生等前沿技术，中国一汽构建起高度协同、智能感知、自主优化的生产体系。生产设备通过物联网实现广泛连接，形成了一张庞大的智能网络，辅以 5G+ 混合现实技术，实现了全流程智能化生产，生产过程中的每一个环节都能被精准控制和优化。生产人员能够实时观察生产状况，预测潜在问题，实现预防性维护，进一步提升生产稳定性和效率。此外，通过促进设计、生产、质检等环节的深度融合，整车生准周期（一般指从设计冻结到批量投产的周期）压缩了 7 个月，订单交付周期也缩短了 26% 以上，极大提升了市场响应速度和客户满意度。在精细化管理的加持下，中国一汽的库存周转率显著提升，备料成本有效降低，资产与厂房的利用率不断攀升。这一系列积极成果，不仅显著增强了企业的综合竞争力，更为中国汽车制造业向智能化、绿色化发展树立了新的标杆，展现了数智化转型在推动产业升级、提升生产效率方面的巨大潜力与广阔前景。

14.3.1　生产效率提升

中国一汽成功将过度依赖人的传统生产模式转变为高度自动化、智能化的生产体系。通过深度整合先进科技，如仿真机械臂、智能化无人驾驶运输车以及自动化光学检测设备等，不仅减少了人工的使用，提升了生产速度，还促进了生产质量的提升，实现了生产效能的飞跃。同时，中国一汽通过设置灯塔指标体系和利用数据，实现了对工人的精细化管理。这一举措帮助管理者及时发现作业流程中存在的问题，优化作业流程，指导工人改进作业方式，显著提升了工作效率。尤为重要的是，中国一汽在智能制造的推进过程中，始终将安全生产放在首位。智慧安全管理系统作为核心支撑，充分利用传感器与摄像头等设备，实现了对生产环境的全方位、全天候监控。这一系统能够实时捕捉并分析生产现场的每一个细微变化，及时识别潜在的安全隐患，并通过预警机制迅速响应，有效防止安全事故的发生。这种智能化的安全管理方式，不仅保障了工人的生命安全，也为生产效率的提升奠定了坚实的基础。

面对制造业对精度与效率的极致追求，中国一汽深刻认识到，设备效能的微小提升也能显著削减企业生产成本并大幅提升生产效率。为此，中国一汽精心构建了一套全方位、智能化的设备管理体系，旨在实现设备从采购、安装、运行到维护、报废的全生命周期精细化管理。该体系不仅涵盖了预防维护的规范化流程，确保每台设备都能在最佳状态下运行，减少非计划停机时间，还实现了故障维修的标准化作业，通过标准化操作流程与快速响应机制，大大缩短了故障排查与修复的时间。同时，中国一汽还对备件管理进行智能化升级，利用数据分析与预测技术，精准预测备件需求，实现了库存的优化配置与及时补给，进一步降低了由备件短缺导致的生产延误风险。这一系列优化举措的实施，已在中国一汽的生产线上取得了显著成效。据统计，设备被动停机时间较以往减少了 20% 以上，这意味着生产线能够更加连续稳定地运行，减少了因设备故障造成的生产损失。而且，平均故障修复时间的缩短与维修成本的降低，直接提升了生产线的整体运营效率与成本效益。对中国一汽这样订单量庞大、生产紧凑的企业而言，这样的改进无疑为企业带来了更强的市场竞争力，彰显了智能化设备管理在推动制造业转型升级中的关键作用。

14.3.2　质量管理提升

以往生产线上的质量检测主要依赖人工抽检的方式，不仅效率低下，还需停机进行检验测量，延长了生产周期，而且人为因素的介入使识别精度难以保证，质量存在波动。如今，随着 5G

与工业互联网技术的深度融合，中国一汽的质量管理步入了智能化、自动化的新纪元。通过集成前沿的视觉检测系统与人工智能技术，生产线上的每一个细节都被赋予了"智慧之眼"。系统能够精准捕捉产品的每一个细微特征，如胶条宽度、位置等，实现自动化、智能化的动态监控。一旦发现质量问题，智能系统便会发出提醒，并自动记录相关数据，为后续工艺优化与机器人作业路径调整提供坚实的数据支撑。这一过程无须中断生产流程，极大地提升了作业效率，减少了人为错误导致的生产停滞与资源浪费。更为重要的是，数智化的实施推动了整车质量管理模式由传统的"事后检验"向"事前预防"迈进。不仅增强了质量管理的透明度与可控性，更为产品设计与工艺设计的持续优化提供了无限可能，为中国一汽在激烈的市场竞争中赢得了先机。

14.3.3 生产成本降低

中国一汽构建起全新的成本管理体系，实现了市场效益的大幅提升。中国一汽深入推行精益生产理念，致力于彻底消除无效劳动和浪费。通过引入先进的数智化生产管理系统和工具，充分赋能全过程关键成本管控，实现了对生产过程的实时监控和数据分析，及时发现生产中的浪费环节，如不必要的运输、等待、过度加工等，并采取措施进行改进。同时，对原材料进行严格管理，减少原材料品类，确保材料的合理利用，这样既优化了资源配置，还显著提升了成本效益。中国一汽在库存管理上也积极推进数智化转型，利用物联网、大数据等技术手段，实现对库存物品的实时监控和追踪，提高了库存管理的透明度和可控性，并对库存进行分类管理，根据库存物品的重要性、需求频率等因素，制定不同的库存控制策略，实现了库存的精细化管理，在保证库存物品正常供给的前提下，最大限度地减少库存积压。这些措施不仅提高了企业的成本费用管理水平，还大大减少了资金占用，为企业加快高质量发展提供了坚实支撑。

14.4　人力资源管理数智化

　　数智化转型前，中国一汽与很多企业一样，在人力资源管理方面存在一系列痛点，难以满足利益相关者的需求。为解决人力资源管理痛点，中国一汽的人力部开展了大刀阔斧的变革，将价值主张转变为赋能业务，将组织架构转型为前台、中台、后台的平台型组织，上线人力资源云工作台，并在员工能力和绩效管理方面实现数据驱动、过程导向和精准化。这套人力资源管理的组合拳，为业务部门、人力部自身以及员工创造了巨大价值。

14.4.1　人力资源管理的业务价值提升

　　人力资源管理对业务的价值贡献不足是企业普遍面临的痛点。以中国一汽为例，过去人力部与业务部门割裂，对业务部门的人事需求了解不及时、不精准。此外，人力资源管理的目的往往是管控编制和合规，而非创造业务价值。结果是，人力部制订的解决方案对业务缺乏针对性，未能有效满足业务部门的需求，对业务增长的贡献不够。

为了实现赋能业务的价值主张，中国一汽人力部组织架构从"六纵"转变为了"三横"的平台型组织。

价值主张方面，人力部从过去的管控人和编制转变为赋能业务，致力于成为业务部门的战略伙伴，提供能够满足业务部门人事需求和战略目标的人力资源解决方案，为业务增长贡献力量。

组织架构方面，人力部"炸掉"了传统的组织架构，从"六纵"（人力资源规划、招聘与配置、绩效管理、薪酬福利管理、培训能力和劳动关系管理等）转变为前台、中台和后台"三横"的平台型组织。

前台团队是 HRBP，即人力部派驻专门的团队到业务部门（包括集团总部的各部门，和集团下属各分 / 子公司），精准服务业务部门的战略目标和人事需求。战略目标方面，HRBP 与业务部门一起做战略计划和战略解码，根据业务部门的战略目标，提供有针对性的人力资源解决方案（例如招聘方案、培训课程以及绩效考核方案等），确保人力资源策略有助于战略目标的达成。人事需求方面，HRBP 协助业务部门开展数智化人才招聘、能力培育、薪酬绩效和员工关怀等，确保业务部门拥有必要的技能和人才来实现其目标。有趣的是，HRBP 需要接受业务部门的考核，业务部门有权评价人力部的服务满意度，这种机制进一步保障了人力资源的价值创造。总之，前台人力资源团队有助于提升人力资源管理的价值，支撑和赋能业务部门的发展。

中台团队负责制定通用和专业的人力资源管理体系，为前台赋能。具体而言，中台团队通过综合国家政策、企业需求、行业对标分析和人才市场供给，制定通用且专业的人力资源管理体系等（覆盖人才队伍规划、人才招聘政策、人才能力体系、培训体系、绩效薪酬制度等方面），然后提供给 HRBP 使用。这种模式不仅能够为前台提供赋能和作战工具，有效满足各业务部门的人事需求，还能够约束不同部门的人力资源管理体系，避免出现过大的差异和不一致。

后台团队主要负责治理人力资源数据，并建设能力模型，为中台和前台提供真实的、统一的的数据和指标。

14.4.2 人力资源管理的效率提升

过去，人力部存在工作任务繁重的痛点。由于中国一汽是员工规模数超过 10 万的超大型集团，其人力部在招聘、职称评审、绩效管理等各环节的工作上需要花费大量时间和精力。以人员职称评审为例，每次要评审几万名员工，人力部需要投入几百人花一两个月才能完成，周期特别长，而且需要反复检查来避免评审误差。

为解决上述痛点，中国一汽建立了人力资源管理云工作台，涵盖人员招聘、员工能力、培训管理、员工发展、干部管理、绩效管理、薪酬管理、员工关系和员工服务 9 大板块，实现了人力资源管理工作的全面线上化，大大提高了工作效率。

不仅如此，中国一汽积极利用 AI 完成简单重复型和复杂型人力资源管理工作。例如，对于简单重复型工作，人力资源管理云工作台在接收员工申请（例如收入证明、在职证明、公寓入住等）后会自动触发任务，10 秒内即可完成。例如，对于复杂型工作，中国一汽建立了职称分类分级模型以及员工能力评价模型，系统据此能够自动评审人员职称，原先这项工作需要一两个月才能完成，现在只需要一两天就能完成，大大缩短了评审周期，而且评审结果非常精确。

随着 AI 的渗透，中国一汽开始涌现"数字人"这类新型员工。数字人的薪酬绩效如何评定、数字人节省下来的成本如何转移给人、如何提高数字人的能力等，都是中国一汽正在摸索的前沿问题。

14.4.3　员工能力和绩效管理优化

过去，中国一汽对员工的能力提升和绩效管理粗放且滞后。例如，绩效管理方面，考核指标制定依赖于人的经验，缺乏客观和全面的依据；而且绩效考核往往局限于对最终结果的评估，而缺乏对达成结果的过程的追溯和管理。员工能力评价以人的主观评价为主，缺乏科学的客观依据，而且缺乏针对员工个人能力的培训方案。

为解决上述痛点，中国一汽通过数智化转型，实现了员工能力和绩效管理的三方面优化：经验驱动转变为数据驱动，结果导向转变为过程导向，粗放管理转变为精准管理。具体介绍如下。

第一，员工能力和绩效不再是人为判断、以经验为依据，而是由系统（即工作台）判断、以数据为依据。员工所执行的业务单元沉淀的数据和指标，直观且准确地显示出每位员工的能力和绩效，进而用于测算绩效发放额度和差异。此外，工作台能够对员工进行横向拉通评价，对承担类似作业任务的同类员工进行评价和排名，识别出能力和绩效优秀的员工，以及需要提升能力的员工。基于数据的考核不仅能保证公平、公正和可信，还有助于减少个人偏见和情绪化的影响。

第二，员工能力和绩效考核从结果导向转变为过程导向。过去，中国一汽和其他企业一样，在季末或年末开展人员考核，只能从结果上判断绩效达成状况，对影响绩效结果的过程则不得而知。但是，结果由过程决定，只关注结果而忽视过程，不利于绩效的评定和达成。现在，中国一汽基于数据的考核能够细化到工作流程中的各个环节。例如，通过业务单元沉淀的工时和质量等数据，能够实时追踪员工每天的作业完成情况，以及作业的过程和方法。这种过程中的及时反馈，能够使管理者了解工作进展和过程表现，发现过程中的问题和改进机会，并及时调整策略、优化工作方法；同时，也能让员工看到自己的工作效率和改进空间，进行自驱式的工作改进。

第三，员工能力和绩效管理精准化和个性化，满足每位员工的成长诉求。一是员工能力设计精准，每个业务单元已经将作业任务分解到个人、人员能力要求落实到个人，精准刻画了完成该业务单元的作业任务所需的能力项。二是员工能力培训精准，业务单元关联了相应的微教程，员工在执行业务单元对应的任务前，就能够学习到具体步骤、方法和标准等。由于每个员工执行的任务对应的业务单元不一样，关联的教程也因人而异。由此，员工都能得到有针对性的个性化培训，精准提升自己完成任务的能力。三是员工能力评价精准，基于员工执行业务单元任务时产生的数据，能够判断每个员工的任务完成表现。四是能力动态优化精准。根据能力评价结果，识别每个员工的能力短板，并开展有针对性的培训，着力提高员工能力，帮助员工成长。

14.5　财务管理数智化

中国一汽过去已经建立了制度化的财务管理体系和线上化的财务管理系统，但是仍然存在财务管理的业务价值不足、粗放、不统一等痛点。为解决上述问题，中国一汽将财务管理从目标管理转变为赋能业务，帮助业务部门提升效率、降低成本和防范风险；将财务管理对象从金额转变为标准和模型，实现了精细化管理；建立全集团线上统一的财务管理工作台，实现财务管理的一致性和标准化。

14.5.1　财务管理的业务价值提升

过去，财务管理对业务的价值贡献不足。中国一汽财务管理的重点是目标管理，即根据集团战略计划财务目标（例如成本需要下降多少个百分点），将财务目标拆解到各部门，最后核算金额、账目和财务结果。然而，这种模式下，财务管理对达成目标的中间过程缺乏实质性贡献，难以为企业创造业务价值，甚至被认为"指手画脚"。

对此，中国一汽以数智化为手段，实现了从目标管理向赋能业务的转变。财务管理的价值不再局限于下达财务目标，而是从过程角度赋能业务部门寻找达成目标的机会和方法，为业务贡献更大价值。

具体而言，中国一汽构建了赋能业务的三步骤方法论。一是识别业务单元的财务触达和嵌入点。例如，采购环节存在辅材成本节点，研发环节存在研发费用节点；营销环节存在广宣费等营销费用控制点和收益原价节点等。通过对全流程的嵌入点分析，中国一汽建立了体系化的业财一体化管理流程，包括产品诞生财务策划、订单交付财务管理、客户服务财务管理等。二是业务活动财务指标化，将财务管理精细到每个业务单元，建立每个业务单元对应的财务指标和标准。以营销活动为例，中国一汽建立了销售绩效 8 级指标树，包括 400 余个具体指标和 1500 余个标准，将销售绩效管理层层拆解到影响销售绩效的每个最小业务单元中。三是基于财务数据模型赋能业务决策。通过提供有针对性的、及时和多维的财务数据分析报告，帮助业务部门从财务角度制定和优化管理决策，发挥财务作为企业数据中心的价值。

基于上述方法论，财务部赋能业务部门实现成本降低、效率提升和风险防范。在成本降低方面，通过拉通成本数据并建立成本分析模型，中国一汽实现了智能化的成本降低机会识别和解决方案制订。以辅材成本管理为例，采购辅材时由于品种多、车型多，很难精准且快速识别成本低且质量好的辅材。对此，财务部建立辅材分类主数据和相应的成本数据，生成辅材成本的数据模型，已经识别上百个成本降低机会，实现了百万级的成本节约。以研发费管理为例，财务部向研发总院提供研发成本数据分析模型，帮助研发总院参考同级别车型项目，利用项目单价、数量对标分析，优化研发预算使用，提高了成本预算的准确性。

在效率提升方面，中国一汽实现了财务数据自动获取、业务执行的财务结果实时呈现、财务报表自动生成与合并、会计凭证自动生成以及定制化管理报告自动生成，这些在过去需要花费数月才能完成的工作，现在一分钟就能完成。由此，中国一汽显著提高了财务部自身的效率，同时提高了业务部门应用财务数据开展管理决策和业务活动的效率。

在风险防范方面，中国一汽实现了财务管理的前置化，将事后反应转变为事中监测（例如实时监控资金使用、成本管理和收益情况）和事前策划（例如将收益成本管理模型前置 4 个月到研发阶段，从装备定义选型、造型方案设计和技术方案选择等方面给出具体建议），在业务执行过程中及时发现问题并快速调整，在风险发生之前提前预测并修正，从而有效防范财务风险。

14.5.2　财务管理精细化

过去，财务管理的对象停留在金额和结果，管理较为粗放。基于数智化手段，中国一汽实现了财务管理对象的转变，从管理金额转变为管理标准和模型（例如建设投资财务模型及标准、研发财务费模型及标准、制造成本模型及标准、营销财务模型及标准等），通过设定标准和模型影响金额产生的过程。以营销业务的财务管理为例，中国一汽过去管理金额和成本，例如制定广告宣传费的费用预算，营销部在预算约束内开展营销活动。但是，在这种管理金额和成本的模式下，营销费用的投入回报到底如何，每个营销活动的营销效果实现到了什么程度，并不精准。与过去管理金额和成本不同，中国一汽现在转变为管理费效比（成本／千人曝光）等标准，例如在某社交媒体平台上的广告投放应控制在65元／千人曝光以内。这样一来，中国一汽就能够从营销的源头上进行财务管理，能够有效测算每个具体营销活动的成本花费和投入效果，做到了极致精细化，并为后续优化营销活动提供了历史依据。

14.5.3　财务管理统一化

财务管理不统一是企业面临的常见痛点。例如，中国一汽在数智化转型之前，各部门和子公司的会计核算流程和审核标准参差不齐，财务数据的标准和口径各不相同，信息系统不统一且不连通。这种不一致使企业难以及时掌握各部门的实际财务状况，难以形成全局的财务管理，增大了财务管理过程中的协调和沟通成本，并导致资源分配的不合理或滞后。

为解决上述问题，中国一汽转变了过去部门各自为政的管理模式，建设了全集团统一的、在线的财务管理工作台，涵盖研发费管理、投资财务管理、收益管理、原价管理、生产成本管理、销售费用管理、资金管理、财务核算和税务管理等模块。财务管理工作台提供了通用的财务管理模型和标准，以及统一的数据底座，能够被不同部门调用以完成作业任务，同时避免不同部门的多头开发和参差不齐。

　　基于财务管理工作台，中国一汽实现"一本账""一链路"和"一报告"。财务会计"一本账"是指对报账单据、会计凭证、单体报表和合并报表等实施统一管理，同时支撑数据穿透可视。资金管控"一链路"实现了报销单据自动生成、单据智能审核、凭证自动生成、付款计划自动校验和支付自动预警的端到端资金风险管控。管理会计"一报告"是指从财务指标角度出具可视化、多维度的管理报告，实现业务实时监测、风险自动预警，高效支持决策分析。

14.6　对外赋能企业数智化转型

　　中国一汽希望对外输出自己的数智化转型经验和技术成果，带动更多企业共同迈向数智化，推动整个产业的高质量发展。

　　面对国有企业在转型过程中普遍缺乏方法论、技术与业务融合困难等问题，中国一汽通过专题研讨会、培训班等形式，将实战中积累的宝贵经验无私分享，帮助国有企业构建适合其自身发展的数智化转型路径。针对企业的个性化需求，中国一汽还提供从战略规划、系统建设到运营优化的全链条服务，确保数智化转型方案有效落地。这种"授人以渔"的方式，不仅助力了国有企业数智化转型的加速推进，也为中国一汽赢得了更广泛的市场认可。

　　中国一汽还服务于国企以外的企业，为它们提供数智化转型指导和咨询，通过培训、技术分享或联合项目等方式，传递自身数智化转型的经验和方法论，帮助它们提升数智化水平，以实现数智化转型的目标。2023年，在阿里巴巴举办的云栖大会上，中国一汽首次以讲师的身份，将数智化转型过程中取得的卓越成果和其他企业分享。在会议上，中国一汽详细展示了以业务单元为核心的数智化转型方法和产品，描绘了AI大模型应用的数智化转型新蓝图。在大会的产业创新展馆，中国一汽以新能源汽车全生命周期管理过程为主线，集中展示了红旗新一代电子电气架构、云工作台、EAMAP、AI大模型应用等数智化创新成果，通过系统演示、讲解、实操，让现场观众沉浸式体验中国一汽数智化转型成果。同时，在云栖大会特约节目"汽车制造的数字化思考"和"汽车智能化论坛"中，中国一汽体系数字化部总经理门欣以"基于云原生的业务单元孪生打造现代企业管理体系"为主题，以数智化重塑汽车产业价值链为切入点，重点分享了非数字原生企业数智化转型过程中的痛点、方法、路径及成果，引起现场参会人员及主流媒体的高度关注。在此次云栖大会上，作为传统制造企业，中国一汽通过展示在数智化产品等方面的最新研究与实践成果，彰显了在"数智化产品、数智化咨询服务、数智化训战服务"三方面的输出能力。

此外，中国一汽还发布了自己的创新产品——中国一汽·七星云工作台。该工作台的推出，是中国一汽响应国家智能制造发展规划、推动企业数智化转型的重要实践。该工作台融合先进的云计算技术、大数据分析、AI等前沿科技，为企业提供了一个全面、高效的数字化管理平台。通过中国一汽·七星云工作台，企业能够实现生产流程的智能化管理，提高生产效率和产品质量。该工作台强大的数据分析能力能够帮助企业深入挖掘数据价值、优化决策制定，实现精准营销和服务。同时，AI 技术的引入使企业在研发设计、生产制造、供应链管理等各个环节更加智能化、自动化。中国一汽·七星云工作台的推出不仅提升了中国一汽自身的竞争力，也为整个汽车行业的数智化转型提供了新的思路和解决方案。在当前全球汽车产业面临深刻变革的背景下，中国一汽的这一创新实践无疑将对推动行业整体技术进步和产业升级产生积极影响。除此之外，中国一汽·七星云工作台的发布也是中国一汽积极响应国家"一带一路"倡议、推动中国品牌"走出去"战略的具体体现。通过这一工作台，中国一汽能够更好地与全球市场接轨，拓展国际合作，提升中国汽车品牌在全球市场的竞争力和影响力。

未来，随着数智化转型的深入推进，中国一汽将继续发挥领军作用，积极赋能其他企业，共同推动整个产业链的数智化升级和高质量发展。相信这也为其他行业的企业提供了有益的借鉴和启示，即在数智化转型的道路上，企业间应加强合作与交流，共同探索数智化转型的新路径和新模式。

14.7　本章小结

本章详细总结了中国一汽在研发、营销、生产制造、人力资源管理、财务领域取得的明显成效，以及对外赋能企业数智化转型的卓越表现（见图 14-2）。

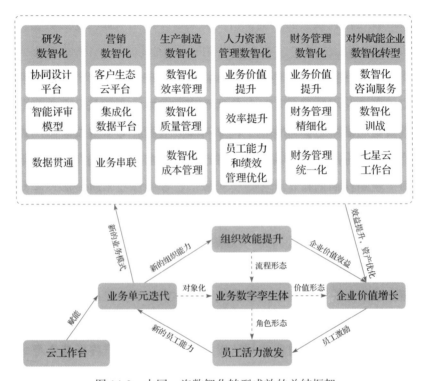

图 14-2　中国一汽数智化转型成效的总结框架

在研发数智化方面，中国一汽通过搭建基于先进数字孪生技术的协同设计平台、构建智能评审模型、利用云工作台实现跨部门数据贯通等手段，解决了企业研发存在的研发周期长、研发成本高、对市场需求响应慢等业务痛点（14.1 节）。

在营销数智化方面，中国一汽通过打造包括专属 App 在内的多元化客户生态云平台、构建集成化数据平台以及重构现有业务流程实现业务串联等举措，克服了营销业务面临的远离客户、缺乏数据记录与利用、业务串联不顺畅等痛点，使线索到店率提升 15% 以上，单线索成本降低 30% 以上（14.2 节）。

在生产制造领域，中国一汽通过打造基于 5G+ 工业互联网的数智化工厂，效率管理、质量管理、成本管理等方面得到了大幅改善，整车订单交付周期缩短了 30%，订单交付周期也缩短了 26% 以上，设备被动停机时间较以往减少了 20% 以上（14.3 节）。

人力资源管理数智化方面，中国一汽利用数智化手段开展人力资源管理工作 AI 化、人员能力提升和绩效管理等，赋能前端业务部门的效能提升（14.4 节）。

财务管理方面，中国一汽将财务管理对象迁移为模型和标准，建立了统一的财务管理工作台，通过业务活动财务指标化并提供管理决策依据，赋能业务部门的效能提升（14.5 节）。

中国一汽不仅实现了自身的数智化转型，还勇担对外赋能其他企业数智化转型新使命，通过举办培训班、提供数智化咨询和数智化训战等服务，共享转型方法，共建数智化能力。同时中国一汽还发布了自己的创新产品——中国一汽·七星云工作台，对外输出数智化产品，共同推动整个产业链的数智化升级和高质量发展（14.6 节）。

| 结　语 |

本书将总结中国一汽数智化转型的成功要素，并展望其未来。

中国一汽数智化转型的成功要素

中国一汽能够实现数智化转型，成功要素包括目标导向、一把手领导、人的转型、组织架构、系统方法和技术平台等，通过"伤筋动骨"实现"脱胎换骨"（见图 1）。

1. 目标导向

数智化转型需要有清晰的目标，要朝着正确的方向前行。需要强调的是，数智化转型不是简单的技术导入，而是要进行业务变革，要创造更大的业务价值。换言之，企业需要将数智化视为优化业务模式和提升业务绩效的手段，而不是目标本身。对传统企业而言，在转型无从下手时，可以对标数字原生企业，这样不仅能够认识到自身的差距，还能够借鉴外部最佳经验，加速数智化转型的推进。

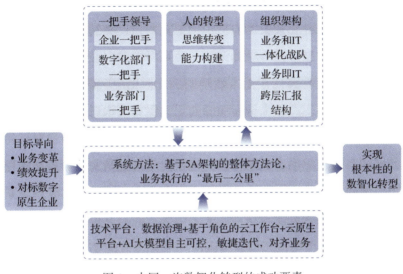

图 1　中国一汽数智化转型的成功要素

2. 一把手领导

数智化转型是绝对的"一把手工程"，需要一把手的决心和引领。首先，企业一把手是数智化转型的核心角色，应躬身入局，全方位领导转型。他需要具备热爱学习、亲自下场作战、坚持长期主义、具有强大的数据思维能力等特质，并采取战略引领、激活组织、提供支持、推动学习、管理过程等核心行为，推动组织实现系统性、根本性变革。其次，数字化部门一把手是转型的中流砥柱。他需要拥有领先的转型理念和强大的技术领导力，始终保持创新和探索精神，以及具备协调能力。他在构思数智化转型、助力其他领导角色、推动数智化转型工作方面有着不可替代的重要作用。最后，业务部门一把手是数智化转型的关键实施力量。他们需要在转型中践行舵手文化，在部门中承担业务负责人、技术落地负责人、能力构建者的角色。他们通过驱动具体实践探索，将集团数智化转型战略与部门实际相结合，推动转型的落地。

3. 人的转型

数智化转型首先在于人的转型，包括思维转变和能力构建。首先是思维转变。思维是行动的先导。企业要认识到数智化转型是发展的新动力，要调动全员的积极性，以数智化思维（包括业务思维、架构思维、数据思维、自主思维和迭代思维）指导转型工作的开展。然后是能力构建。为实现核心能力自主建设，企业需要建立一套覆盖能力设计、能力培育、能力评价与迭代的全流程体系，促使全员形成数智化能力。

4. 组织架构

恰当的组织架构是数智化转型落地的重要保障。横向上，业务部门与数字化部门可以联合成立业务和 IT 一体化战队，打破"部门墙"，避免"两层皮"，实现分工融合、知识融合、联合考评、共用一套语言以及空间区位融合等。业务部门内部可以自建数字化团队，并作为常驻成员加入战队，随着业务部门数智化能力不断提升，最终实现"业务即 IT"。纵向上，企业可以在董事长、业务部门一把手、数字化部门一把手以及业务部门二级部总监等不同管理层之间设置跨层汇报结构，促进上传下达、下情上报、齐力转型。

5. 系统方法

宏观层面，基于 5A 架构的整体方法论涵盖业务架构、信息

266

架构、应用架构、技术架构和安全架构，各架构之间相互关联，从整体层面保障了数智化转型的全局协调。在此基础上，还需关注细节，确保数智化转型能够落实到业务执行的"最后一公里"，实现战略与实践的无缝衔接。

6. 技术平台

技术平台是数智化转型的底座，包括数据治理、基于角色的云工作台、云原生平台及 AI 大模型。数据治理可以夯实企业的数据资产基础。基于角色的云工作台可以实现流程透明与智能协同。云原生平台提供了高效、弹性的技术支撑。AI 大模型可以驱动前沿创新，助力企业效率跃升和业务变革。技术能力自主可控，可以保障核心技术安全性与独立性；敏捷迭代的机制可以帮助实现技术平台与业务需求的快速适配。对齐业务可以推动技术与业务深度融合，形成技术反哺业务、业务驱动技术的良性循环。

未来展望

数智化转型是一项需要持续迭代的长期工程，而非短期任务。面对产业、技术、市场需求和自身业务的不断演进，中国一汽将在已有转型成效的基础上，向更高水平的数智化迈进。

中国一汽升级了数智化转型战法。具体而言，新的战法由"1 个目标""1 个平台""7 个产品链"和"4 个架构"组成（见图 2）。

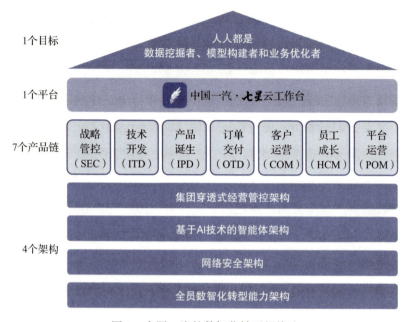

图 2　中国一汽的数智化转型新战法

"1个目标"，就是实现人人都是数据挖掘者、模型构建者和业务优化者。该目标包含3层含义。首先是要"更上一层楼"，在实现100%业务数字孪生、业务效能提升至少100%的基础上，用数据和AI技术全面优化业务。其次，强调"人人都是"，将集团战略目标与个人转型目标相统一，激发员工的主观能动性，调动全员力量推进战法升级。最后是"角色转型"，帮助员工从业务执行者转向模型构建者，从重复性劳动中解放出来，从事价值更高的创新性工作。

"1个平台"是指中国一汽·七星云工作台。该工作台涵盖研发云、营销云、生产制造云、人力资源管理云、财务管理云等，致力于实现全领域、端到端的数智化。

"7个产品链"包括战略管控、技术开发、产品诞生、订单交付、客户运营、员工成长和平台运营，以适应新阶段的转型需求。

"4个架构"包括集团穿透式经营管控架构、基于AI技术的智能体架构、网络安全架构和全员数智化转型能力架构。其中，基于AI的智能体架构是重中之重，旨在实现具备自推理和生成式能力的AI在业务领域中的全面应用。以下从技术、业务和人员三方面，介绍中国一汽在智能体架构方面的规划与进展。

技术方面，一是打造基于AI的技术架构，涵盖四个层次：AI交互前端层（如AI与员工协作的智能工作台界面）、AI服务层（如API和提示词引擎）、业务编排层（如业务单元调度和AI能力编排）以及数据层（整合多源数据，为AI提供高质量的数据支撑）。二是建立AI应用分级体系，逐步推动规则级智能体向生成式智能体演进，从单体智能体向复合智能体演进，不断提升AI的感知、推理、决策和执行能力。三是建立AI能力中心，为各业务领域提供可共享、可复用的算法模型、数据和算力支持。

业务方面，在7大产品链中全面推进智能体建设，利用AI重构业务。为此，中国一汽创新性整合了业务单元和AI技术，实现"业务单元AI化"，使业务单元能够由"人工制定、AI执行"甚至"人工设计总目标、AI制定并执行"。同时，中国一汽强调AI要服务于业务价值，而不是为了建AI而建AI。

人员方面，推动全员树立AI思维，使员工意识到AI是增强

个人能力的好助手、优化业务的好伙伴；此外，赋能全员构建 AI
能力，对全员开展 AI 能力认证，确保每个员工不仅想干，而且
会干，还能干好，使每个人都能成为模型的构建者，并在此基础
上优化业务流程。

　　奋进不止，未来可期。中国一汽将以坚定的信念和不懈的努
力，持续推进数智化转型，勇立潮头，树立民族汽车品牌，打造
世界一流企业，为客户提供更加智能和美好的移动出行服务。